Peter Turrini

Liebe Mörder!

Von der Gegenwart, dem Theater und vom lieben Gott

Herausgegeben von
Silke Hassler und Klaus Siblewski

Luchterhand

1 2 3 4 99 98 97 96

Gesetzt aus der Ehrhardt
Herstellung: Ina Munzinger, Berlin
Umschlaggestaltung: Felix Neubauer unter Verwendung
eines Fotos von Herbert Neubauer.
Satz, Druck und Bindung:
Druckerei Wagner GmbH, Nördlingen

Printed in Germany
ISBN 3-630-86944-0

Liebe Mörder!

MAN NENNT UNS EIN URGEMÜTLICHES VÖLKCHEN

Ich bin ein Gefangener meiner Biographie

Ich bin nach dem Krieg in einem Kärntner Dorf aufgewachsen, mein Vater war ein italienischer Gastarbeiter. Das erste Antlitz dieser neuen Republik, welches ich zu sehen bekam, waren die Gesichter der Dorfhonoratioren am Stammtisch des Dorfgasthauses. In ihnen spiegelte sich keine Trauer, kein Entsetzen über das soeben erlebte Grauen wider, keine Schuldbekenntnisse waren von ihnen, den Mitverschuldern des Grauens, zu hören. Im Gegenteil: Selbstzufrieden und unantastbar teilten sie sich die neue Macht im Namen neuer Funktionen. Aus dem Ortsgruppenleiter wurde der neue Bürgermeister, aus dem nationalsozialistischen Lehrer der neue Schuldirektor.

Meinen Vater verachteten sie, er kam aus einem Lande, in dem der deutsche Soldat, wieder einmal, verraten wurde. Diese Verachtung, die uns Kinder genauso traf, und die ich damals schwer verstehen konnte, hat mich aus dem Lande getrieben. Ich habe mir, weil woanders auch nur Fremde und Fremdheit war, ein literarisches Land erbaut, gegen bestehende Verhältnisse geschrieben und mir solche ausgedacht, in denen ich mich zuhause fühlen konnte. Ende der sechziger Jahre kam ich nach Wien, vollgepackt mit Ideen und rüde hingeschriebenen Theaterstücken. Ich bin den Bewohnern des Stammtisches wiederbegegnet. Sie saßen, selbstbewußt und unangreifbar wie eh und je, hinter den Schreibtischen der Kulturbürokratie und verjagten mich und eine ganze Schriftstellergeneration in die Bundesrepublik.

Inzwischen haben die Bewohner des Stammtisches vieles hinzugelernt. Sie haben sich von Werbeagenturen den Rat geholt, ihre buchstäblichen und geistigen Gamsbärte kürzer zu stutzen und weltoffener in den Bierdunst ihrer Umgebung zu blicken. Sie haben ihre Sprache liberalisiert, aber nicht ihr Wesen.

Ich bin ein Gefangener meiner Biographie. Diese Menschen sind mir so viele Jahre hindurch mit Verachtung begegnet, daß ich sie bis auf den heutigen Tag verachte.

Kurt Waldheim ist ein Bewohner des Stammtisches, auch wenn er diesen Stammtisch gegen so viele Schreibtische, ja gegen den Weltschreibtisch vertauscht hat. In ihm und hinter ihm treten die Stammtischbewohner meiner Kindheit wieder hervor, wird das Antlitz der unantastbaren Selbstzufriedenheit wieder sichtbar. Aus diesem Antlitz kann Schuld und Trauer verbannt werden, das Verlogene und Verdrängte ist nicht wegzuwischen.

In dem Dorfe, in dem ich aufgewachsen bin, gab es auch andere und anderes. Am Dorfrand, zumeist in Baracken, wohnten die »Roten«. Sie fuhren jeden Tag in die Stadt »arbeiten« und waren von den bäuerlichen und kirchlichen Ritualen ausgeschlossen oder schlossen sich selbst aus. In diesen Baracken wohnten auch Kriegskrüppel und Trinker, Menschen, die seelisch und körperlich nicht in der Lage waren, am »Wiederaufbau« mitzuwirken. Ein versoffener Bibliothekar erzählte mir von der Arbeiterbewegung, ihrer Vergangenheit, ihrer Zukunft. Das zumeist stumpfsinnige und trostlose Leben dieser Menschen stand in krassem Widerspruch zu seinen Geschichten. Trotzdem habe ich mich zu diesen Menschen hingezogen gefühlt, zuerst widerstrebend, dann immer nachhaltiger.

Aus dieser Hingezogenheit, deren Quell vielleicht nichts anderes war als das uns verbindende Gefühl, von den bäuerlichen Bewohnern des Stammtisches ausgeschlossen zu sein, wurde im Laufe der Zeit und der Jahre eine politische und literarische Zugehörigkeit. Ich bin ein Teil der Arbeiterbewegung, und ich habe meine Arbeit immer als Versuch verstanden, der menschlichen, der materiellen und der kulturellen Deklassierung der Arbeiterschaft entgegenzuwirken.

Für diese Deklassierung trägt die regierende Sozialdemokratie eine erhebliche Verantwortung. Sie hat den Einstieg in die bürgerliche Gesellschaft durch einen Preis und durch ein Versprechen erkauft.

Der Preis war die Aufgabe der kulturellen und ideologischen Identität der Arbeiterschaft, und dafür wurde den Menschen ein steigender Anteil am Wohlstand versprochen. Der Preis war zu hoch: Arbeiterbibliotheken wurden geschlossen, eine kulturelle Wüste breitete und breitet sich in den Köpfen der Belegschaften aus. Die ideologische Preisgabe hat einen Typ Funktionär hochgebracht, der nur noch aus Bodenlosigkeit und Opportunismus besteht. Der Arbeiter hat das Denken – und das Wehren und Streiten gehörten auch zum Denken – den Funktionären überlassen, und die lassen es lieber, sonst könnte es ihnen vor sich selber grausen.

Und das Versprechen? Das Versprechen war kurzfristig einlösbar, in wochenendgebauten Häusern mit Garten, und ist es heute schon nicht mehr. Keine zwanzig Jahre hat das kurze und kleine Glück der Arbeiterschaft gedauert, und heute sitzen viele Arbeiter in ihren Häuschen und können die Kreditraten nicht mehr bezahlen. Auch wenn jetzt aus wahltaktischen Gründen die Sicherung der Arbeitsplätze versprochen wird, so entspricht das nicht mehr der Möglichkeit und damit auch nicht mehr der Wahrheit.

Ich bin ein Gefangener meiner Biographie. Die Bewohner des Stammtisches verachte ich, am Zustande der Sozialdemokratie verzweifle ich. Ich, der ich ein grundsätzlich Heimatloser bin, habe eine Spur von Zugehörigkeit am Dorfrande gefunden, später in Betrieben, bei Lesungen, bei Auseinandersetzungen mit Betriebsräten, bei gemeinsamen Aktionen mit Lehrlingen der VÖEST und so weiter. Heimat war für mich nie ein geographischer Ort. Sie war, wenn überhaupt, ein politischer Ort.

(1986)

Die touristische Bananenrepublik

»Wandern in Österreich unterscheidet sich auch dadurch, daß Förstertochter Resi dem Biologiestudenten aus Göttingen gern die Abkürzung durch den Wald zeigt, weil dadurch der Weg ein Viertelstündchen länger wird.«
(Österreichische Fremdenverkehrswerbung in der Bundesrepublik, 1986)
»Die Bevölkerung des Landes ist dazu angehalten, dem reisenden und nächtigenden Fremden den lieblicheren Teil ihres Wesens nicht vorzuenthalten.«
(Aus einem Aufruf der Kärntner Landesregierung, 1891)

Von den nicht vorzuenthaltenden lieblicheren Teilen der Kärntner Bevölkerung bis zu dem in Aussicht gestellten Schnellfick der Förstertochter Resi spannt sich der Bogen einer touristischen Begegnung, die ihrem Wesen nach einem Rollenspiel gleicht, wobei dem Österreicher die Rolle der Hure und dem Deutschen die ihres Gastes zufällt. Die Geschichte des österreichischen Tourismus ist daher die Geschichte einer Hurerei.

Wie jede Hurerei, so ist auch diese von zwei sehr unterschiedlichen Empfindungen geprägt. Der österreichische Wirt braucht den deutschen Gast in einem durchaus existentiellen Sinne. Er hat alles, Weib, Kinder, Verwandte, das Personal, das Haus, die Landschaft auf den Tourismus abgerichtet, er ist mit 60 Milliarden Schilling verschuldet, die rote Lampe hängt Tag und Nacht vor den Türen und Toren seines Landes. Das Ausbleiben des deutschen Gastes würde nicht nur eine finanzielle Einbuße bedeuten, es würde ihn buchstäblich in seiner materiellen und psychischen Existenz vernichten. Der Österreicher braucht den Deutschen nicht nur für sein Fortkommen, er braucht ihn geradezu für sein Fortleben. Ein solch umfassendes Maß an Abhängigkeit gebiert Verachtung, ja Haß gegenüber demjenigen, von dem man sich abhängig fühlt und es in der Tat ja auch ist.

Der deutsche Gast betritt ein österreichisches Wirtshaus, und es umfängt ihn die Atmosphäre einer Anpassung, einer Hurerei: Der Wirt ahmt die Sprache des Deutschen nach, serviert ihm »seine« Gerichte, läßt ihn in »seiner« Währung bezahlen und schunkelt mit ihm zu den martialischen Klängen »seiner« Fröhlichkeit. Kaum aber hat der deutsche Gast das österreichische Wirtshaus verlassen, nennt ihn der Wirt einen Scheißpiefke, einen präpotenten Schrumpfgermanen, der glaube, er könne mit seiner DM alles und jedes kaufen. Wen man von Angesicht zu Angesicht lieben muß, dem sagt man jegliche Gemeinheit in den Rücken.

Mit dem Ausbruch des industriell organisierten Tourismus und dem Einbruch deutscher Menschenmassen in österreichische Lande und Wirtshäuser mußte aus der inszenierten, also vorgespielten Anpassung eine tatsächliche werden.

Wenn der Wirt, seine Frau, seine Kinder, die Verwandten, das Personal, Tag und Nacht »anders« sein müssen, dann werden sie zu anderen. Die sprachliche, die zeitliche, die seelische Abrichtung auf den Fremden hat sie selber zu Fremden gemacht: Sie sind sich und ihren Nächsten fremd geworden. All die Jahre haben die österreichischen Fremdenverkehrsbehörden Jubelmeldungen über steigende »Nächtigungsziffern« und »vollausgelastete Kapazitäten« veröffentlicht. Es wird Zeit, einmal eine ganz andere Bilanz öffentlich zu machen: das ganze Ausmaß der familiären und zwischenmenschlichen Beziehungen, die aus Mangel an Zeit und Kraft gestorben sind, all die Weihnachts- und Festtage, an denen kein privates Wort und Gefühl mehr möglich war, weil sich alle und alles wie eine bauchtanzende, sprich schuhplattelnde Hure um den Gast drehte.

Im Bereiche der Sexualität verhält es sich mit der Anpassung genau umgekehrt, sie ist eine inszenierte, eine vorgespielte und keine tatsächliche. Der österreichische Fremdenverkehr und seine Organe können ja die touristischen Massen nicht »tatsächlich« befriedigen. So viele Resis, die wir mit all den Göttinger Studenten – wenn auch nur auf eine Viertelstunde – hinter die Büsche schicken könnten, haben wir ja gar nicht, und müßten die Tiroler Skilehrer »tatsächlich« jene

Zünftigkeit und Brünftigkeit einlösen, über die sie laut Prospekt verfügen, sie würden wahnsinnig werden. Es geht hier also um das Vormachen und nicht um das Machen von etwas. Im gleitenden Übergang dieser beiden Begriffe hat sich eine ganze Industrie eingenistet. Sie suggeriert dem deutschen Gast – auf wahrhaft obszönen Heimatabenden – die permanente Geilheit der österreichischen Madln und Buam, versetzt ihn in einen Zustand dauernder Erregung, dessen Einlösung der deutsche Gast in seinem Düsseldorfer Büro nach Beendigung des Urlaubs zwar behauptet, die jedoch tatsächlich nie stattgefunden hat.

Ende der fünfziger Jahre erreichte der Tourismus auch jenes Kärntner Dorf, in dem ich aufgewachsen bin. Die Einhaltung der nächtlichen Sperrstunde wurde vom Dorfgendarmen, dem Postenkommandanten, strengstens kontrolliert, mit einer Ausnahme: Die deutschen Gäste konnten grölen und saufen solange sie wollten. Vor dem touristischen Götzen krümmte sich nicht nur der Rücken der Wirte, sondern auch das Gesetz.

Und die politische Moral: Äußerten die Vertreter des Fremdenverkehrs in der österreichisch-ungarischen Monarchie des Jahres 1914 noch schwerste Bedenken gegen einen möglichen Krieg (»Krieg und Fremdenverkehr sind absolute Gegensätze. Besonders in Kampfgebieten kann der Fremdenverkehr völlig lahmgelegt werden«), so gaben sie sich mit folgender Erklärung des deutschen Alpenvereines durchaus zufrieden und kriegsbereit: »Wie wenig von Österreich-Ungarn kennen wir Reichsdeutsche. Der Deutsche wird künftig nach dem Südosten reisen. Er bietet an landschaftlicher Schönheit einen vollwertigen Ersatz für Italien, dessen Boden von jedem Deutschen auf Jahre hinaus gemieden werden soll.«

Und so war es dann auch. Mit Aufrufen, wie: »Die Karpaten haben als Schlachtfeld in diesem Kriege eine solche Berühmtheit erlangt, daß jeder Deutsche das Bestreben haben muß, sie mit eigenen Augen zu schauen«, legten die deutschen und österreichischen Verkehrsvereine die Reiserouten fest. Was der Krieg unmöglich zu machen schien, wurde durch ihn erst möglich.

Mit dem Ende des Ersten Weltkriegs gingen nicht nur diese spezifische Form des Tourismus verloren, sondern auch die Gebiete, in denen er stattfand. »Wenn man die Bedingungen der Friedensverhandlungen zu St. Germain betrachtet«, jammert die Wiener Zeitung Ende 1919, »so sieht man sofort, welche gewaltigen Einbußen, vor allem an Fremdenverkehrsgebieten, Österreich durch diesen Krieg erleiden mußte.«

Es war nicht notwendig, allzu lange zu jammern, denn schon ab 1924 entwickelte sich der deutsch-österreichische Tourismus »auf das Prächtigste«, wie die amtliche Statistik vermeldet. Der Touristenstrom, welcher gemessen an den heutigen Verhältnissen noch ein Fluß war, bewegte sich von den klassischen Tourismusorten in die Ortschaften. Der Vorarlberger, der Tiroler, der Salzburger Bauer wurde zum Gastwirt, und der Mechanismus von Anpassung und Verachtung kam umfassender in Gang.

Das »Prächtige« lief solange prächtig, bis Hitler in Deutschland an die Macht kam. Er beschwerte sich bei der österreichischen Bundesregierung, daß man seine österreichischen Nazis nicht anständig behandle und daß er Maßnahmen ergreifen werde, falls man ihnen nicht mehr öffentlichen Spielraum gäbe. Die österreichische Regierung, die gerade selbst dabei war, eine faschistische zu werden (allerdings in der österreichischen Variante, weshalb man den österreichischen Faschismus auch den »grünen« nannte), schlug diese Drohung in den Wind, worauf Hitler die sogenannte »1000-Mark-Sperre« verfügte. Jeder deutsche Tourist, der nach Österreich wollte, mußte an der deutschen Grenze 1000 Mark erlegen, und wer, außer den von Hitler geschickten Unruhestiftern, konnte das schon. Der Vorstand des Vorarlberger Handels- und Gewerbebundes beschwerte sich, nicht etwa bei Hitler, sondern bei der eigenen Regierung: »Es ist selbstverständlich, daß sich die Unterdrückung der nationalen Bewegung (gemeint ist die nationalsozialistische, Anm. d. Verf.) in Österreich auf das Verhältnis mit Deutschland nicht gut auswirken kann. Wir fühlen uns aus rein wirtschaftlichen Erwägungen verpflichtet, warnend unsere Stimme zu erheben, damit in Hinkunft sowohl in Vorarlberg als auch in den übrigen Bundesländern alles unterbleibt, was unser gutes Verhältnis zum Deutschen Reiche stören könnte.« Noch bevor die Wirtschaftsmenschen so richtig grüne Faschisten waren, waren sie schon braune, weshalb die endgültige Vereinigung ein paar Jahre später vollzogen werden konnte.

»Mit dem Inkrafttreten dieses vom Führer im Jahre 1938 erlassenen Reichsgesetzes in der Ostmark wurde die gesetzliche Grundlage zur Eingliederung des Landes Österreich in die bestehende und bestens bewährte Fremdenverkehrsorganisation des Altreichs geschaffen.« Das Dritte Reich, ein Fremdenverkehrsparadies?

Mitnichten. Was immer man an Fremdem im eigenen Lande vorzufinden glaubte, wurde vernichtet, und die ausländischen Touristen (die sogenannten »qualifizierten Fremden«, wie es in einer damaligen Verlautbarung hieß) hatten natürlich wenig Lust, in ein solches Land zu reisen. Aus diesem Dilemma, als Wirt in einen Staat geraten zu sein, in dem es keine Fremden mehr gab, befreite sich der Österreicher auf seine Weise. Er ergriff seine historische Chance, endlich aus der Rolle des Wirtes auszusteigen und in die des Reisenden einzusteigen. Unter der Führung des obersten Reiseleiters, der selbstverständlich auch ein Österreicher war, stellte er sich den »bewährten Fremdenverkehrsorganisationen des Altreiches« zur Verfügung und ging mit ihnen auf Reisen. Um seinen neugewonnenen Status als Eroberungsreisender voll empfinden zu können, mußte er in den bereisten Gebieten alles vernichten, was ihn am Erleben und Ausleben dieses neuen und berauschenden Gefühls behinderte. Besonders bei der Errichtung und Verwaltung von dazu notwendigen Vernichtungslagern erwarben sich österreichische Reiseleiter wie Eichmann, Kaltenbrunner und Globocnik große Verdienste.

Wie sehr der Österreicher den Krieg als großen Ausflug empfand, spiegelt sich nicht nur in Feldpostkarten und Photos dieser Zeit wider, sondern auch in Erzählungen, die ich in meiner Jugend in Kärntner Gasthäusern gehört habe. Hier war von Städten wie Paris, Narvik, Kiew, von Gegenden wie den Ardennen, der Krim, dem Peloponnes die Rede, als seien es Bilder aus einem farbigen Prospekt gewesen und nicht Orte entsetzlicher Gewalttaten. Gewiß, es gab Unangenehmes, ja Schreckliches, aber gerade das machte das Reisen erst zum Reiseabenteuer, von dem man ein Leben lang erzählen konnte.

Es ist das Drama des Österreichers, daß er für seine besten Ideen, für seine kühnsten Unternehmungen vom Rest der Welt verachtet wird. Seine Idee, die Kriegsschauplätze des Ersten Weltkriegs zum Tourismusgebiet zu erklären, sein Versuch, die Rolle des Gastwirtes abzustreifen und zum Reisenden, ja zum Welteroberungsreisenden zu werden, scheiterte in den Augen der Weltöffentlichkeit ebenso wie sein letztes Experiment, mittels Glykol die Herstellung des Weines von der Rebe unabhängig zu machen.

Im Jahre 1945 gelang es ihm auf jeden Fall mit affenartiger Geschwindigkeit, dieser Weltverachtung zu entkommen. Es war nicht erst der im Jahr 1955 unterzeichnete österreichische Staatsvertrag, in welchem Österreich als jenes Land bezeichnet wird, welches als erstes von Hitler okkupiert wurde, der Österreicher also vom Täter zum Opfer wurde, es waren die österreichischen Großparteien, die ihr demokratisches Staatsgewand über seine braune Vergangenheit breiteten, die ihm einen schnellen und reuelosen Übertritt in die Unschuld ermöglichten.

Der politischen Reinwaschung entsprach eine ästhetische: Kurz nach dem Kriege begannen die Österreicher wie wild

Filme zu produzieren. Sie hießen »Maresi«, »Der Herr Kanzleirat«, »Der Engel mit der Posaune«, »Die Glücksmühle«, »Triumph der Liebe« und hatten nur einen Zweck: Man wollte sich und die Welt von seiner absoluten Unschuld und Harmlosigkeit überzeugen. Man muß sich das vorstellen: Während die Menschen in den zerbombten Städten hungerten, saß die Förstertochter Maresi am Schoß des alten Herrn Kanzleirates und ließ sich mit ihm von den Klängen des Engels mit der Posaune in die Glücksmühle entführen, um dort den gemeinsamen Triumph der Liebe zu erleben.

Manchmal ging die ästhetische Reinwaschung schneller als die politische. Der Film »Erde« konnte nicht in die Kinos kommen, weil die meisten Mitwirkenden noch in sogenannte »Entnazifizierungsverfahren« verwickelt waren.

Nach nur drei Jahren und 42 Spielfilmen, in denen sich der Österreicher als beschwingter, gastfreundlicher und liebessüchtiger Todel offerierte, griffen die Amerikaner das Angebot auf. Am 2. April 1948 erließ der amerikanische Kongreß den »Economic Cooperation Act«, dessen Kernstück das »European Recovery Program« war. Dieses Programm ging als »Marshallplan« in die Geschichte ein. Die Deutschen bekamen Millionen von Dollars zum Wiederaufbau ihrer Industrie und die Österreicher Millionen zum Wiederaufbau ihres Fremdenverkehrs. Damit waren zwei Rollen im Nachkriegseuropa zugeteilt. Die Deutschen sollten schaffen, und die Österreicher sollten für ihre Erholung sorgen. Österreich war zum Hawaii Mitteleuropas geworden, zur touristischen Bananenrepublik.

Der Österreicher, der mit seinem Versuch, einmal eine größere Rolle zu spielen, kläglich gescheitert war, nahm die des Wirtes dankbar an. Aus der österreichischen Gesellschaft wurde eine Wirtsgesellschaft, die Nächtigungsziffern stiegen in die Abermillionen. Der Touristenfluß der Ersten Republik wurde zum Strom, der Strom zu Strömen, der österreichische Wirt zur Hure, die österreichische Landschaft zum Vierfarbenprospekt.

So wie die Hure den Gast braucht, so braucht der Gast die Hure. Ich habe Ende der sechziger Jahre in Frankfurt gearbeitet, mich sehr einsam gefühlt und Kontakt mit Huren gehabt. Sie erzählten mir immer wieder, daß ihr deutscher Freier das Fremde, das Außergewöhnliche suche, aber zu fremd sollte es nun auch wieder nicht sein. Ein bißchen Schweinigeln im Wohnzimmer, das ist der tiefste Wunsch des deutschen Freiers. Die echte Hure erfüllt ihm diesen Wunsch mit einem »Ficken wie bei Muttern« und die österreichische Wirtshaushure mit einem »Futtern wie bei Muttern«. Der deutsche Gast kommt nach Österreich, weil er ins Ausland will, aber es soll ihm nicht zu ausländisch erscheinen. Deshalb überzieht er dieses Land mit der Erwartung, »seine« Sprache vorzufinden, »seine« Währung, »seine« Gerichte, »seine« Lieder, und die österreichische Wirtshure erfüllt ihm diese Erwartung voll und ganz. Österreichische Touristenorte sind in der Hochsaison von deutschen Provinzstädten nicht mehr zu unterscheiden.

Wie jedem Freier, so ist auch dem deutschen Gast die Anpassung seiner Hure zu wenig, er will auch noch ihr Herz haben. Bei ihm, nur bei ihm, soll sie einen Orgasmus haben, ihn soll sie wirklich mögen. Er wird Stammkunde, kommt Jahr für Jahr ins Land und versteht nicht, daß das Herz der österreichischen Wirtshure an vielen, zu vielen schunkelnden Heimatabenden ausgeronnen ist.

Es gibt ein Aussetzen, ein völliges Verschwinden dieses Mechanismus von Anpassung und Verachtung zwischen der Hure und ihrem Freier. Wenn ein österreichischer Wirt und sein deutscher Gast plötzlich die gemeinsam erlebte Wehrmachtszeit entdecken, fallen sie sich ergriffen in die Arme, und Namen von Truppenteilen und Vorgesetzten schwirren durch den biergeschwängerten Gastraum. Auch das sind Szenen meiner Jugend: Der noch eben devot grinsende Wirt verwandelte sich von einem Augenblick zum anderen in den Kameraden Schnürschuh, und der gerade gönnerhaft den Hintern der Wirtstochter tätschelnde Gast wurde zum Obergefreiten Müller, mit dem man in Narvik den Gefrierfleischorden erhalten hatte. Die touristisch huröse Fassade zerfiel in bierselige Kumpanei, das Gemeinsame, das Verbindende, Hitlers Eroberungskrieg und die Erinnerung daran, hatte die beiden wieder. Der Wirt sprach nicht mehr zum Gast, der Freier nicht mehr zur Hure, sondern der Kamerad zum Kameraden.

Der österreichische Wirt, die österreichische Wirtsgesellschaft opfert dem Tourismus nicht nur die Familie, die Zeit, die Seele, sondern auch und vor allem die österreichische Landschaft. Wenn ich Photos von Berghängen sehe, in die der Skiwinter tiefe Furchen gezogen hat, sehe ich ein anderes Bild vor mir: Der österreichische Wirt, der diese Landschaft braucht, weil sie der Magnet ist, mit dem er die Gäste ins Lokal lockt, haßt diese Landschaft gleichzeitig für dieses Brauchen, für diese Abhängigkeit, und schlägt auf sie ein, blind wütend, bis diese Wunden sich nicht mehr schließen und die Landschaft stirbt.

In den letzten Jahren, genau seit 1981, kommen immer weniger deutsche Gäste nach Österreich. Die aufgescheuchten Tourismusexperten nennen dafür Gründe: Die Weltkriegsgeneration stirbt langsam aus, die österreichische Landschaft zeigt mehr und mehr Umweltschäden, die inzwischen fertiggestellten Transitstraßen machen Österreich zum Durchreiseland nach Italien, die österreichischen Wirte seien nicht mehr so fremdenfreundlich wie früher und so weiter. Anstatt zu fragen, ob diese touristische Begegnung zwischen Deutschen und Österreichern nicht anders stattfinden könnte als nach den Regeln der Anpassung und damit der Verachtung, intensivieren sie ihre Managerbemühungen und ihre Sprache: »Die Berge könnten wieder einsteigen. Die Berge als erlebnisorientierte Alternative präsentieren, Animation zu vermehrtem Tun, zu vermehrten Erlebnissen in den Bergen.« Ja, was sollen wir denn noch tun? Noch mehr Berghotels bauen, noch mehr Skilifte errichten? Oder sollen wir unsere letzten Resis statt einer Viertelstunde hinter die Büsche tagelang mit dem Göttinger

Studenten in die Berge schicken, damit er endlich zu vermehrtem Tun kommt?

Im Zeitalter der industriellen Befriedigung von Urlaubswünschen können andere, was wir nicht mehr können, und sie können es billiger. So wie die amerikanische Firma SANIPED ihre Produktionsstätte vom Burgenland nach Spanien verfrachtet hat, weil ihr die österreichischen Arbeiter schon zuviel kosten, so läßt sich der deutsche Tourist den Katalog mit den thailändischen Madln und Buam inzwischen aus Bangkok schicken. Die sind auch immer geil, kosten weniger als die österreichischen Resis und leisten mehr, weil sie aus einem echten Entwicklungsland kommen. Unser letzter Versuch, verlorenes Terrain wieder aufzuholen, indem wir einen Mann zum Bundespräsidenten gewählt haben, der unsere Vergangenheit repräsentiert, aber mit der Diskretion und Gewandtheit eines Oberkellners darüber hinweggehen kann, ist uns in den Augen der Welt schon wieder übelgenommen worden.

Auch ich bin ein Gefangener meiner Biographie. Mein Vater war ein italienischer Gastarbeiter. Der Mechanismus von Anpassung und Verachtung, den ich beschrieben habe, gilt nur für zahlende Fremde. Wer nur ein Fremder ist, den trifft nur die Verachtung. Ich weiß, daß sich zu allen meinen Ausführungen ein Gegenbeispiel finden läßt. Aber die Regeln, nach denen diese touristische Begegnung seit etlichen Jahrzehnten zwischen Deutschen und Österreichern abläuft, werden dadurch nicht außer Kraft gesetzt. Ich bin für das Ende dieses Tourismus und für das Ausprobieren eines anderen. Die Fremden, die uns nichts bezahlen können, die uns aber etwas geben könnten, wohnen gleich ums Eck.

(1986)

Staatsveredelung

Wer den Staat trägt oder nur mitträgt, wer also ein Amt hat, der hat auch eine besondere Würde: eine unantastbare.

Der Staat als große Veredelungsmaschine.

Um diese spezifisch österreichische Form der Entrückung zu verstehen, ist ein kurzer historischer Ausflug notwendig. Der Österreicher hat in diesem Jahrhundert fünf verschiedene Staatsformen erlebt. Man könnte daher annehmen, er habe vom Staat einigermaßen genug, das Gegenteil ist jedoch der Fall: Es ist den Herrschenden aller fünf Staatsformen gelungen, ihr übles Tun unter einem edlen Namen zu verkaufen. Je gieriger, je hemmungsloser ihr Treiben war, desto mystischer die Begriffe, die solches Treiben rechtfertigten. In der Monarchie waren es Gott, Kaiser und Vaterland, in deren Namen die Landbesitzer und Fabriksherren ihre staatsgesegnete und unselige Ausbeutung betrieben.

In der Ersten Österreichischen Republik war der Kaiser tot, blieben also Gott und Vaterland. Die Bourgeoisie der Ersten Republik schlug mit ihren blutrünstigen Heimwehren solange auf eine immer stärker werdende Arbeiterschaft ein, bis von deren Organisationen nichts mehr übrigblieb. Dabei ging der Staat gleich mit drauf und man gründete sich einen eigenen: im Namen Gottes und des Vaterlands den klerikalen, vaterländischen Staat faschistischer Prägung.

Der Durchschnittsösterreicher hat daraus gelernt: Wenn die Mörder auf seiten des Staates sind, haben Gott und die Gerichte nichts gegen sie. Es war also zweckmäßig, das Abzeichen der Vaterländischen Front zu tragen, egal was man dachte oder fühlte.

Zwei Gruppen waren aus dieser Vaterländischen Front ausgeschlossen. Die Roten, weil sie ja laut ihrem Programm Internationalisten waren, und die Juden, weil sie ja schon seit zweitausend Jahren Internationalisten sind. Wenn trotzdem ein Jude etwas Öffentliches und Wichtiges tat, wurde er nie ohne das Attribut »jüdisch« zitiert, was unter augenzwinkernden Österreichern schon immer geheißen hat: Der ist zwar dabei, aber er gehört nicht dazu.

Als die deutsche Bourgeoisie Appetit auf die österreichischen Vorräte bekam, als der große Hai den kleinen fraß, als im Zuge des Anschlusses Österreichs an das Deutsche Reich die Gold- und Devisenbestände der österreichischen Nationalbank ausgeräumt wurden, als IG Farben und die Berndorfer Metallfabrik von Dynamit Nobel und Krupp geschluckt wurden, ließ diese deutsche Bourgeoisie ihr niederes Treiben von einem Herrn ausführen, der einen besonders hohen Absender hatte: die Vorsehung.

In diesem Namen agierte der neue Staat und der gelernte Österreicher agierte, so schnell er konnte, mit. Für ihn bestand die Katastrophe nicht etwa darin, unter den Staatsmantel der faschistischen Barbarei gelangt zu sein, im Gegenteil, das Schlimme für ihn wäre gewesen, wenn er darunter keinen Unterschlupf gefunden hätte, wenn er seine Pflicht nicht hätte tun können. Denn der Staat, auch der verbrecherischste, veredelt jegliches Tun.

In den Archiven des Wiener Rathauses befindet sich eine Sammlung von Tagebüchern Wiener Bürger, in denen sie zumeist die letzten Kriegsmonate und die ersten Monate nach der Befreiung beschreiben. Noch in den letzten Tagen der Naziherrschaft schrieben die Eintrager von ihrer Hoffnung, daß dieses Reich nicht untergehen möge, und nur wenige Tage nach dem Einmarsch der Roten Armee und den ersten Ordnungsversuchen der »österreichischen Freiheitsfront« wollten sie sich der »neuen Ordnung zur Verfügung stellen«. Wenn man davon ausgeht, daß Notate in einem Tagebuch ein hohes Maß an subjektiver Wahrheit beinhalten, weil sie eine private und nichtöffentliche Mitteilung darstellen, so ist aus der Überlebensstrategie des Durchschnittsösterreichers, der zweckmäßigen Anpassung an jeglichen Staat, nunmehr auch ein privater Mechanismus geworden. Es ist nicht mehr nur eine äußere

Notwendigkeit, schnell unter das neue Staatsgewand zu schlüpfen, es ist auch ein »inneres« Bedürfnis geworden.

Die einst so stolze österreichische Bourgeoisie des Ständestaats – eins mit Arbeitermördern, Gott und Vaterland – war inzwischen arg zerzaust worden. Sie war vom großen Täter zum kleinen Ganoven herabgesunken und konnte ihre Position nur noch in Ministerien und mittleren Unternehmen behaupten. Wie alle kleinen Ganoven hatte und hat sie das dringende Bedürfnis, sich einem starken Obergangster anzuschließen, der ihr auch in Gestalt des amerikanischen Big Business Boss zuteil wurde. Ihm diente und dient sie aufs unterwürfigste, ja auf geradezu speichelleckerische Art und Weise.

Solange diese neue Gangstergemeinschaft nicht begriff, daß die nunmehr in den Staat und unter den Staatsmantel drängende Sozialdemokratie ihr bei ihren Raubzügen keine wesentlichen Fallen stellen würde, bekämpfte sie sie. Als sie im Laufe der Zeit jedoch merkte, daß mit den Roten durchaus wie unter Brüdern zu reden war, ja einige der Roten sogar zu Brüdern wurden, ließen die Animositäten nach.

Natürlich war die alte Gaunerei nicht mehr durch alte Mystifikationen zu legitimieren. Kaiser, Gott, Vaterland und die Vorsehung hatten ausgedient. Ihr letzter Sendbote wurde als pathologischer Wüstling hingestellt und der Faschismus kurzerhand zum Betriebsunfall der Geschichte verniedlicht. Der neue Staat schwor auf Kompetenz und Sachlichkeit, seine Träger waren Diplomkaufleute, ihr Ziel der allgemeine Wohlstand, der Wohlfahrtsstaat. Wer es bis zum Verteilerkopf an den Kassen des Wohlfahrtsstaates brachte, der schaffte sich in der Tat einen umfassenden Wohlstand.

Auch die Journalisten dieses Landes haben – mit wenigen Ausnahmen – nichts als die Wohlfahrt des Staates im Auge. Ihre Kritik enthält immer auch einen Vorschlag, wie es dem Staat besser gehen könnte. Ihre Ratschläge an diesen oder jenen Minister, an diesen oder jenen Staatsfunktionär klingen so, als müßten sie, die Journalisten, demnächst dieses verantwortliche Amt übernehmen, was ja auch tatsächlich immer wieder passiert. Ältere Journalisten haben ihren verantwortlichen Blick im Laufe der wechselhaften Geschichte Österreichs schon verschiedenen Staaten zugewendet. Sie waren Propagandisten der Vaterländischen Front, Durchhalteparolenschreiber bei den Nazis und Kassandras in der neuen Demokratie. Der Staat, egal welcher, ist ihnen eben in Fleisch und Blut übergegangen.

(1986)

Nestbeschmutzung

Die Tatsache, daß Kritik in Österreich als Nestbeschmutzung bezeichnet wird, hängt auch damit zusammen, daß die kritische Tradition dieses Landes spätestens mit der Niederwerfung der österreichischen Arbeiterbewegung im Jahre 1934 eigentlich liquidiert wurde und gescheitert ist. Solange die Sozialdemokratie die Arbeiterbewegung, die Opposition gegen den Staat, darstellte, also nicht in die Machtapparate des Staates eintrat, sondern ihnen grundsätzlich kämpferisch gegenüberstand, war Kritik am Bestehenden ihre edelste Tugend. Daß diese Kritik am Bestehenden bis hin zur bewaffneten Auseinandersetzung im Jahre 1934 ging, ist ein Teil dieser Geschichte. Mit dem Niederwerfen der Arbeiterbewegung, mit dem Entstehen des grünen Faschismus, des Ständestaates von 1934-38, beziehungsweise mit dem Anschluß Österreichs an das Dritte Reich, vollzog sich eine vollständige und vollkommene Verschmelzung des gesprochenen, des formulierten Wortes mit den Staatsverhältnissen, d. h. Kritik war schlechthin undenkbar, und jedes kritische Wort war automatisch ein Verrat am Staat.

Dieser Mechanismus, der zwar offiziell 1945 zu wirken aufhörte, hat sich meiner Meinung nach im Bewußtsein der Menschen erhalten. Wenn man das Obrige beleidigt, wenn man bestehende Verhältnisse kritisiert, dann tut man etwas ganz und gar Unanständiges, Unerlaubtes. Obwohl das Kritisieren durch die Einführung der Demokratie inzwischen quasi erlaubt ist, ist seine Übung, seine Ausübung, seine Durchführung ständig bedroht. Bedroht nicht unbedingt durch Machtmittel, sondern durch das Gefühl so vieler Menschen, daß sich so etwas einfach nicht gehört. Das ist ein historischer Grund für diese österreichische Haltung.

(1987)

Über Jörg Haider

Jörg Haider gehört meiner Generation an. Wir sind in einer politischen Landschaft aufgewachsen, die vom Verfall politischer Überzeugung geprägt war. Das »Sozialistische« wanderte zunehmend aus der sozialdemokratischen Partei aus, das Honoratioren- und Potentatentum der bürgerlichen Partei konnte nur für Strenggläubige etwas »Christliches« an sich haben. Was blieb, war eine politische Hülsensprache, Beteuerungen und Behauptungen, die zumeist von der Wirklichkeit widerlegt wurden. Ein Teil meiner Generation hat sich von diesem sprachlichen und optischen Erscheinungsbild des »Politischen« angewidert abgewandt und versuchte, politisch »zu sein«. Haider ist einen anderen Weg gegangen. Er übertrumpfte seine Lehrmeister.

Haider ist nicht der Gegner der österreichischen Großparteien. Er ist ihr Übertreiber. Wenn die Kärntner SPÖ mit dem Kärntner Faschismus liebäugelt, riskiert Haider mehr als ein

Auge; wenn die Koalition einzelne Betriebe der Verstaatlichten Industrie privatisieren möchte, will Haider gleich alles verkaufen. Früher oder später werden die Großparteien an ihm Maß nehmen, sie werden die Ähnlichkeit und damit die Ehefähigkeit entdecken.

(1987)

Die Wahrheit ist zumutbar

Liebe Freunde!
Die Wahrheit ist den Menschen zumutbar. Die Wahrheit ist Kurt Waldheim zumutbar. Sie läßt sich durch seine immer geschickteren Erklärungen nicht verwischen. Sie schimmert durch seine leeren Sätze und trägt das Antlitz der ermordeten Kinder von Kozara.

Die Wahrheit ist der Österreichischen Volkspartei zumutbar. Sie hat die Saat des Antisemitismus verstohlen gesät und am Wahltage gierig geerntet. Sie vergißt und will vergessen machen, daß es vor dem Hitlerfaschismus einen christlichen Faschismus in diesem Lande gab. Der österreichische Faschismus war nie so schlimm wie der deutsche, aber Zwillinge bleiben Zwillinge, ob der eine nun groß und der andere klein ist.

Die Wahrheit ist der sozialistischen Partei zumutbar. Sie hat die Faschisten der Zweiten Republik immer offen und ablehnend angeschaut, an Sonntagen. An politischen Wochentagen zwinkert ihr Auge. Sie hat viele Anstrengungen unternommen, sie hat große und kleine Posten vergeben, damit sich Ehemalige bei ihr wieder zu Hause fühlen konnten. Wie viele Anstrengungen hat sie unternommen, damit sich vertriebene Juden in diesem Lande wieder zu Hause fühlen konnten?

Mehr als fünfzig Jahre nach ihrer Vertreibung kommt eine österreichische Jüdin nach Wien und in den Club 2. Die Frau weint und Österreich weint mit. Es ist in der Tat zum Weinen.

Die Wahrheit ist den Menschen zumutbar. Sie ist der katholischen Kirche, ihrer Hierarchie zumutbar. Heute schmückt sich diese Hierarchie mit einigen Aufrechten, mit ihren Opfern. Das kostet keinen Preis. Als diese Aufrechten zu Opfern wurden, ist die Hierarchie der katholischen Kirche nicht zu diesen Menschen gestanden, das hätte einen Preis gekostet.

In diesen Gedenktagen ist das offizielle Österreich, das volksparteiische, das sozialdemokratische, das klerikale geschlossen und geeint gegen alles Diktatorische und gegen alles Antisemitische. Man sieht es ihren Mienen an: Das Zeitalter des Bekennens ist ausgerufen, aber eine Minute der Selbsterkenntnis hat in diesem Land noch nicht stattgefunden.

Die Wahrheit ist auch meiner Generation, den zu Ende des Krieges Geborenen, zumutbar. Was soll die theoretische Frage an uns selbst, ob wir im Jahre 39 feige oder mutig gewesen wären, wo die Frage doch nur lauten kann, ob wir heute feige oder mutig sind. Wir sind es, vor deren Augen die Zweidrittelgesellschaft, die seelische und ökonomische Vertreibung von Arbeitern, von Mitmenschen, vorbereitet wird. Diese Gedenktage haben keinen Sinn, wenn wir nur über das Vergangene nachdenken. Wenn wir es nur besser wissen, aber nicht besser machen, dann sind auch wir eine schuldige Generation.

Ich danke euch fürs Zuhören!

(1988)

Jakov Linds »Ergo«

Jakov Linds »Ergo« ist ein wunderbares Stück, ein ganz und gar österreichisches Stück, und es löst in mir nebst der Freude, hier etwas ganz Großartiges entdeckt zu haben, auch Trauer aus. In Wahrheit ist Jakov Lind ein Wiener Komödienverschreiber, ein Urenkel von Johann Nestroy, ein Jakov Nepomuk Lind, einer, den sie hinausgeworfen haben aus dem Land, aus ihrer Kultur. Und wenn ich dieses Stück lese, dann merke ich, wie sie dafür bestraft werden. Die Linds leben heute in New York oder in London oder in Boston, aber in Wahrheit sind sie, diese urwienerischen Theatraliker aus der Wiener Vorstadt nie entwichen. Sie sind mit Prügeln und mit Gas aus ihr verjagt worden, aber im Geist leben sie und sitzen auf jedem Dachfirst, in jedem Schanigarten und beobachten ihre Vertreiber.

Ich lese sehr viele Theaterstücke, solche, die ich zugeschickt bekomme, solche, die mir der Verlag zum Lesen gibt, und solche, die ich ausgrabe. Aber ich habe ein solches theatralisches Universum in der österreichischen Nachkriegsliteratur noch nicht vorgefunden, eine solche Frechheit, Geschmacklosigkeit und Witzbolderei, ein solches Spiel mit und auf dem Theater. Dazu sind die Franzosen zu philosophisch und die Deutschen zu schwerfällig und die Engländer zu oberflächlich. Das können nur die österreichischen Juden, sofern sie Österreich überlebt haben.

Jakov Lind müßte zurückkommen in dieses Österreich. Er müßte Stücke über das Heute und Jetzt schreiben. Er müßte mit seiner abgründigen und hochfliegenden Theaterphantasie die vollste österreichische Idiotie beschreiben, die Tatsache, daß die Österreicher aus italienischen, tschechischen, ungarischen und jüdischen Mischungen bestehen, wahre Pinscher sind und so gerne und schon wieder reinrassige Schäferhunde sein wollen. Ein Jakov Lind müßte ihr Gebell und ihr Jaulen auf die Bühne bringen.

Ich bin voller Entdeckerfreude und werde mich mit meinem ganzen Lebendgewicht für dieses Stück einsetzen. Ich weiß nicht, ob das etwas nützen wird. Ich weiß, daß Jakov Lind auf Österreich verzichten kann, aber umgekehrt ist es nicht so. Österreich kann auf Dauer nicht auf Jakov Lind verzichten.

(1994)

Abschied von Erich Fried

Sehr verehrte Menschen! Liebe Freunde!
Wie Sie wissen, wurde Erich Fried aus diesem Lande mit 17 Jahren vertrieben. Wer ein gutes Gedächtnis hat oder die Kulturseiten der österreichischen Zeitungen aus den fünfziger und sechziger Jahren nachliest, weiß, daß er ein Vertriebener blieb. Als er krank und kränker wurde, kam er dem Lande näher und das Land ihm. Jetzt, da er tot ist, lieben ihn alle. Warum einem österreichischen Dichter die ganze Liebe immer erst nach dem Tode zufällt, weiß ich nicht. Vielleicht, weil er dann nichts mehr sagen kann.

(1988)

Man nennt uns ein urgemütliches Völkchen

Die Gewalt hat in Österreich eine spezifische Erscheinungsform. Zum Unterschied von der Gewalt in der Bundesrepublik, die etwas Buchhalterisches, etwas Konstruiertes, etwas Wohldurchdachtes, etwas Technisches hat und in ihrer perversesten Form so auch eingesetzt wurde, in der technisch perfektionierten Form der Vernichtung von Menschen im Faschismus, hat die Gewalt in Österreich eine Erscheinungsform, die man nur als urgemütlich bezeichnen kann. Es gibt, um dafür literarische Zeugnisse zu zitieren, »Die letzten Tage der Menschheit« von Karl Kraus, in denen der Militarismus als Schützengrabenunterhaltung für Wiener Gesellschaftsmenschen abgehandelt wird. Es gibt die literarischen Zeugnisse eines Horváth, in dem der Gewaltausübende größtes Mitleid nicht mit seinem Opfer, sondern mit sich selbst empfindet. Es gibt jene Form von Gewalt, die ich selbst erlebt habe, die immer an der Grenze zur Unterhaltung liegt. Man weiß nie genau, ob das, was jetzt gerade mit einem passiert, eine Vernichtung sein wird oder man lebengelassen wird. Die Österreicher kommen in nichts ohne Unterhaltung aus, daher auch nicht in der Ausübung der Gewalt. Der Unterschied zwischen einem deutschen und einem österreichischen Polizeieinsatz besteht nicht etwa darin, daß der deutsche weitaus brutaler als der österreichische ist, sondern daß der österreichische weitaus unterhaltender ist. Der Österreicher legt seinen Gewaltanwendungen noch ein individuelles Merkmal bei, das der Unterhaltung, das der Gemütlichkeit. Es gibt auch Formen der Gewalt im Fernsehen, wo dieses österreichische Spezifikum besonders sichtbar wird, zum Beispiel der »Musikantenstadel«. Hier wird mit Gewalt, in meinen Augen, die gewachsene Identität einer österreichischen Bevölkerungsgruppe, die der Bauern, zerstört, medial zerstört, unter dem Vorzeichen größter Unterhaltung; mit Blasmusik wird hier kulturelle Vernichtung betrieben. Das ist das spezifisch Österreichische.

(1989)

Angst

Wenn ich mich für Angstfreiheit ausspreche, dann behaupte ich nicht, keine Angst zu haben. Keine Angst zu haben, wäre eine Anmaßung auf Unmenschlichkeit, auf die ich nie käme. Natürlich habe ich auch Angst. Aber es gibt einen Punkt, den ich einmal versuchen möchte, in aller Massivität zu formulieren. Ich bin einfach nicht mehr bereit, in einer Welt zu existieren, in der die Kategorie des Überlebens die Dimension des Lebens so überschattet, als wäre nur noch Überleben wichtig und Leben nicht mehr. Diese Möglichkeit, die Welt global zu zerstören, hat uns alle in einem Ausmaß mit Angst erfüllt, daß wir nur noch gebannt auf diese Möglichkeit hinstarren. Ich plädiere jetzt einmal dafür, das zu vergessen. Ich plädiere jetzt einmal dafür, daß wir nicht nur überleben, sondern daß wir leben müssen. Ich plädiere dafür, daß die Frage, wieviel Cruise Missiles und wieviel SS 20 demnächst wieder kranz- und penisartig aneinandergereiht werden, nicht die entscheidende Frage ist, sondern die Frage, wie wir in unseren Beziehungen sexuell miteinander umgehen.

Die sogenannte Überlebensfrage hat die letzten Jahre die entscheidenden Lebensfragen, übrigens auch die politischen, in einem Ausmaß zugedeckt, daß wir sozusagen zu Vollzugsorganen einer international verordneten Angst geworden sind. Mir kommt manchmal vor, die organisierte Aufstellung dieser Vernichtungswaffen ist eine Beschäftigungstherapie für möglichst viele engagierte Menschen, damit sie sich mit nichts anderem mehr zu beschäftigen haben als mit der organisierten Aufstellung dieser Waffen. Der Grund, warum ich diese Art der Menschenverachtung so hasse, besteht darin, daß dieses Nichts an Denken und dieses Übermaß an Macht mich ununterbrochen von mir ungleich wichtiger erscheinenden Fragen abbringt. Hier wird also eine ganze Generation im Bann gehalten mit dem Sinnlosesten, das es gibt, nämlich mit der Frage, ob man die Welt siebenundvierzigmal oder zweiundfünfzigmal zerstören kann. Dies ist eine Verschwörung wider meine Lebenszeit. Es ist eine Verschwörung gegen meine Alltagspraxis. Es ist ein Eindringen in die Notwendigkeiten meines Tuns mit völlig sinnloser Vehemenz und mit völlig sinnlosem Anliegen.

Wenn ich also von Angstfreiheit spreche, dann meine ich nicht so sehr, daß ich keine Angst habe, sondern daß ich, um überhaupt zu positiven Gefühlen zu kommen, diese Angst zwischendurch suspendiere. Ich habe keine Lust, vierundzwanzig Stunden Angst zu haben, obwohl dafür genügend Gründe vorhanden sind. Weil ich in diesen vierundzwanzig Stunden auch etwas anderes empfinden möchte, Lust und Leid, Geilheit und Schmach, Freude und Hingebung. Ich stelle mich partiell außerhalb des mir verordneten Zeitgeistes der Angst, weil ich das Recht auf Leben und die Lust zum Leben brauche, und weil die auch Zeit kostet. Ich stelle mich außerhalb der verordneten Informationsmaschine unserer Medien, weil ich zwischendurch die Welt nicht als Greuel empfinden will. Ich stelle mich außerhalb einer Welt, die mir ununterbrochen als eine zerstörte und vergiftete deklariert wird, weil ich zwischendurch auch Lust habe, Unzerstörtes zu sehen und Nichtvergiftetes zu empfinden.

(1989)

Eine autonome Republik Mürzzuschlag

Unsere Serie heißt »Visionen für Europa«. Haben Sie welche?

Ja, Horrorvisionen. Die allgemein bejubelte Vorstellung einer europäischen Vereinigung macht mich ganz krank. Das ist die perverse Reaktion unserer Gesellschaft: Was immer sie umbringt, überhöht sie anschließend zur Ideologie.

Was hat sie umgebracht?

Unsere Bindungsunfähigkeit. In den Großstädten leben bis zu 60 Prozent Singles. Die Menschen haben kaum noch Kontakt miteinander. Ich kenne nur wenige, die mit ihren Partnern auskommen. Alle sind unfähig zur Vereinigung. Also entsteht, als zwanghafte Konsequenz, die Vereinigungsideologie. Keiner kann mit keinem, aber wir brauchen dringend ein vereintes Europa.

Wieso »zwanghafte Konsequenz«?

Weil diese Gesellschaft schon immer so reagiert hat. In den 50er Jahren, als die Besatzer mit ihren Jeeps durch Österreich brausten und von Heimat keine Rede mehr war, entstanden die Heimatfilme. Die Vergiftung unserer Lebensmittel mündete beinahe zwangsläufig in den Kult mit der gesunden, natürlichen Ernährung. Als Tracht und Brauchtum tot waren, wurden die Trachtenvereine gegründet. Nachdem alle Indianer hinlänglich ausgerottet worden sind, veranstaltet man Schamanen-Seminare. Und jetzt entsteht, als Reaktion auf unsere Bindungsunfähigkeit, das vereinte Europa. Zuerst bringt man alles um und dann läßt man es hochleben. Unsere Kultur ist eine Mörderkultur.

Wie stellen Sie sich das Europa der Zukunft vor?

Von einem Schriftsteller meiner Prägung bekommen Sie darauf keine positive Antwort. Ich denke grundsätzlich negativ. Literatur baut nicht auf, sie zerstört. Das ist das Hilfreiche an ihr.

Welchen persönlichen Wunsch hätten Sie an die europäischen Politiker?

Wunsch? Ich fordere die sofortige Abschaffung des Fremdenverkehrs. Der Tourismus hat Europa längst vereinigt, und zwar auf die schlimmste Weise, die man sich vorstellen kann: Aus einem Europa der Geschichte wurde ein Europa der Klischeevorstellungen. Alte Wiener Kaffeehäuser werden so renoviert, wie sich Touristen alte Wiener Kaffeehäuser vorstellen. Es ist nur logisch, wenn in einem solchen Kaffeehaus der ausgestopfte Peter Altenberg sitzt. In Prag rennen derzeit als

Schwejk verkleidete Studenten herum, denn jeder Ausländer muß unbedingt einen Schwejk sehen. Und Italien sieht ja schon längst so aus, wie sich die Deutschen Italien vorstellen.

Was kann man dagegen tun?

Gar nichts. Es ist offensichtlich das dringende Bedürfnis der Menschen, durch das Wohnzimmer des Nachbarn zu trampeln, bis es so aussieht, wie man es sich schon immer vorgestellt hat. Ich persönlich bin ja nicht für den Abbau alter Grenzen, sondern für das Errichten neuer. Ich träume von einer autonomen Republik Mürzzuschlag. Die Zöllner tragen Uniformen aus dem Fundus der Wiener Volksoper. Sie singen und tanzen ständig, weshalb sich die Einreise enorm verzögert. Das wäre eine wundervolle Gelegenheit, die steirischen Wiesen kennenzulernen, und vielleicht hätte man sogar Zeit genug, mit einem einzigen Menschen ins Gespräch zu kommen.

Das könnte man auch ohne neue Grenzen, wenn man nur wollte.

Keineswegs. Wenn man sich ungehindert, also mit voller Geschwindigkeit bewegen kann, nimmt man nichts und niemanden mehr wahr. Wir nähern uns allem, Menschen, Städten, Landschaften, mit Höchstgeschwindigkeit. Das Köstlichste geht so verloren. Aus Entdeckung wird Vergewaltigung, aus Aufsuchung eine Heimsuchung.

Für die meisten Menschen ist dieses Europa ohne Grenzen Symbol der Freiheit.

Wir werden in Hinkunft viele Freiheiten haben. Wir können uns eine europäische Währung aussuchen. Wir können alle im Europa-Look herumrennen. Und wenn ein österreichischer Politiker das nächste Mal mit einer Rumänin vögeln will, muß er nicht bis ins unwirtliche Temesvar fahren, sondern kann dies in einem komfortablen Brüsseler Euro-Puff erledigen.

In Brüssel denkt man nach über das Europa der Regionen. Da beschäftigt man sich im kulturellen Bereich damit, wie man kleine Sprachen und die kulturelle Vielfalt fördern und erhalten kann.

Da sind wir wieder beim Beginn unseres Gesprächs: Wenn die EG-Kommission die Erhaltung kleiner Sprachen zu ihrem Programm erhebt, bedeutet dies, daß man diese Sprachen bereits umgebracht hat. Die Ausrufung der Region verkündet in Wirklichkeit deren Tod. Die Mörder lassen ihre Opfer hochleben. Am Grabe Europas entstehen künstliche Euro-Parks. Die Schöpfer des Europas der Regionen erschaffen in Wirklichkeit regionale Disneylands. Die Pflege und die Öffnung Europas ist in Wahrheit die Zerstörung Europas. Was bleibt, ist künstlich.

Für viele Menschen bedeutet diese Öffnung auch persönliche Freiheit.

Ich weiß. Morgen werden zehn oder zwanzig Millionen Russen in den Westen strömen. Übermorgen werden ein paar Millionen Deutsche in den Osten strömen, denn dort ist dann ja Raum, Lebensraum. Einige der Menschen, die aus den sozialistischen Ländern zu uns kommen, werden etwas gewinnen. Alle werden etwas verlieren.

Was verliert ein Osteuropäer, der ins Ausland darf?

Zeit. Wenn ich meinen Verleger in der DDR besuchte, schloß er für drei Tage seinen Laden, und wir machten eine schöne Reise durch die Mark Brandenburg. Würde ein westdeutscher Verleger mit jedem daherkommenden Autor tagelang spazierenfahren, er wäre ein Fall für die Psychiatrie. Aber das sind nur meine persönlichen Reminiszenzen, welche in so historischer Zeit gar nichts bedeuten.

Soll man die Menschen nicht selbst entscheiden lassen, wo sie das Glück finden?

So ist es richtig und so ist es gerecht. Aber wir müssen diesen Gedanken, diesen Satz, den Sie da gerade gesagt haben, zu Ende denken. Wenn alle an den Ort ihrer Wünsche gelangen, dann ist es kein Ort der Wünsche mehr. Wenn alle die blaue Blume der Romantik suchen und finden, dann ist sie aus Plastik und liegt im Souvenir-Laden.

Die Freiheit im Osten bedeutet doch auch künstlerische Freiheit?

Ich bin mir da nicht so sicher. Vorher gab es die Zensur der Behörden, jetzt gibt es den Druck des Marktes. Wir werden ja sehen, was schlimmer ist.

Gibt es für Sie denn keinen Ort in Europa, wo Sie zu Hause sind oder zu Hause sein wollen?

Offen gesagt, ich bin auf der Flucht. Ich habe eine unendliche Sehnsucht nach Stille, und alles wird immer lauter. Ich glaube, ich werde ein Verbrechen begehen müssen. Dann komme ich in den Hochsicherheitstrakt eines österreichischen Gefängnisses und habe endlich Ruhe vor Europa.

Vielleicht wird dann in das Wiener Besichtigungsprogramm für Touristen neben Hofburg, Oper und Lipizzaner auch »Turrini hinter Gittern« aufgenommen.

Dann werde ich mich an einer Europa-Fahne erhängen.

Vor kurzem in Berlin, als die Deutschen aus Ost und West die Wiedervereinigung feierten, haben sich wildfremde Menschen an den Händen gefaßt, die Hymne gesungen und sich ihrer Tränen nicht geschämt. Was bedeutet Ihnen diese Wiedervereinigung?

Weil ich zufällig dort war und weil ich manchmal ein sentimentaler Kerl bin, habe ich sogar mitgeschluchzt, wenn auch in Maßen. Die Mauer fällt, und alle Menschen werden Brüder. Waren Sie inzwischen wieder einmal in Berlin? Die Mauern zwischen den Menschen sind höher denn je. Der Westen hat gewonnen, der Osten ist besiegt. Ökonomisch wie literarisch. Haß und Erniedrigung triumphieren. Der Fall der Mauer sollte der buchstäbliche und symbolische Auftakt der europäischen Vereinigung, der neuen Brüderlichkeit werden. Aber ein Symbol ohne Wahrheit ist Kitsch. Der Fall der Berliner Mauer, bei dem wir Freudentränen vergossen haben, war ein Großereignis des Kitsches.

Was erhoffen Sie sich für die Zukunft?

Ich hoffe, möglichst wenig Menschen zu treffen. Ich hoffe auf das Nichtstattfinden von Alpen-Adria-Konferenzen und die Nichtabhaltung von Tagungen der Pentagonale. Ich wünsche mir das ständige Platzen von EG-Gipfeltreffen. Ich wünsche mir, daß Alois Mock zu Fuß mit einem Brief in der Hand nach Brüssel geht und daß er unterwegs eine Begegnung hat, die sein Heimkommen erübrigt. Ich wünsche mir die Abschaffung der Zeitungen, um wieder einmal etwas von der Welt zu erfahren. Ich wünsche mir mehr Glück im Leben. Und sehe dafür nur einen Ausweg: das Unglück zulassen.

(1991)

Die beiden Deutschlands

Sie waren jetzt ein paar Tage in der ehemaligen DDR, und Sie werden als einer, der zwischen Ost und West hin- und herfährt, doch auch gemerkt haben, wie fremd sich die beiden Deutschlands geworden sind.

Es liegt an den Bildern. Jahrelang haben sich die Bürger der DDR Bilder vom Westen gemacht, die alle aus der Werbung entlehnt waren. Alles glänzte in der Werbung, also führten im Westen die Glanzmenschen ein Glanzleben. Seit dieser sogenannten Wiedervereinigung fahren die westdeutschen Journalisten in den Osten und stellen fest, was das für ein Drecksland ist. Seit Wochen steht jeden Montag in den kritischen Westmagazinen, daß dort drüben die Betriebe, die Natur, die Hochschulen, die Bahnanlagen, die Butter und die Menschen nichts wert sind. Ein Schrottland voll mit Schrottmenschen, sowas widert die Glanzmenschen ganz schön an, und sie würden am liebsten die Mauern und Grenzen wieder hochziehen, nicht ohne vorher dieses Schrottland zu Billigstpreisen aufgekauft zu haben. Und dann gibt es noch einen Grund für die tiefe Kluft zwischen den Ostdeutschen und den Westdeutschen. Die Ostdeutschen haben die Erfindung dieses Jahrzehnts, die Fernbedienung, erst kürzlich in die Hand bekommen und alles was dazugehört: Videorecorder, Pornofilme und Geschwindigkeit. Die sind vierzig Jahre langsam gewesen, in ihrer Arbeit und in ihren Beziehungen, und jetzt geraten sie in die Impulsgesellschaft. Die werden schwindlig und fallen um.

(1991)

Kirche und Sexualität

Mit vierzehn, fünfzehn Jahren macht man eine entscheidende Entdeckung, man lernt seinen Stellenwert am Sexualmarkt kennen. Mich mochten die Mädchen, sie redeten gerne mit mir, sie erzählten mir die persönlichsten Dinge. Ich war ein dicker junger Mensch, und sie hatten wohl Vertrauen zu mir. Aber geschlafen haben sie mit den anderen. Da ich spitz wie ein Rettich war, war das natürlich eine entsetzliche Zurücksetzung. Ich beschloß, Priester zu werden, denn da gehörte ja die Entsagung sozusagen zum Berufserfordernis. Der Christ muß leiden, der Priester noch mehr, und Jesus Christus hat sich schließlich ans Kreuz nageln lassen, damit das Maß des Leidens voll wird. Mir wird heute noch ganz schlecht, wenn ich darüber rede. Wenn man aus unserem Küchenfenster hinaussah, sah man den großen Dom. Immer war der Dom vor dem Fenster, und der liebe Gott schaute durch das Klofenster, wenn man onanieren wollte. Kirche und Sexualität, das gehörte für mich immer zusammen. In meinem Heimatdorf gab es eine Klosterschule, und die jungen Mädchen saßen am Sonntag in der Kirche, bewacht von den Klosterschwestern. Wir Burschen krochen unter den Bänken zu ihnen hin und griffen ihnen zwischen die Beine. Die Mädchen mußten unter allen Umständen ein Bild religiöser Inbrunst abgeben, denn sonst hätten die Klosterschwestern alles entdeckt. Sie saßen mit gefalteten Händen in der Kirchenbank, und während wir unsere Hände zwischen ihren Beinen hatten, sangen sie: Lieber Jesus, sei unser Gast. So war es schon immer in meinem Leben. Oben laufen die Bilder, und unten ist der schöne Wahnsinn.

(1991)

Golfkrieg (Bilder I)

Als der Golfkrieg ausbrach, war ich in Berlin bei den Proben von »Tod und Teufel«, und ich erinnere mich sehr genau an mein maßloses Erschrecken. Ich und mit mir alle anderen hatten den Eindruck, dieser Saddam Hussein wird die Welt in Flammen setzen. Die Nachrichten machten ihn zum gefährlichsten aller Teufel. Am zweiten Tag wechselte das Medienbild schlagartig: George Bush und seine Boys werden diesen Verrückten in ein paar Tagen erledigt haben. Und am dritten Tag war es wieder anders: Da trat General Schwarzkopf auf und sprach von einer verlustreichen Panzerschlacht, die er führen müsse, und man zeigte Taschen, die als Särge gedacht waren. Und am vierten Tag sah die Welt schon wieder anders aus: Saddam Hussein drohte, alle Ölquellen in Brand zu stekken und damit eine Weltverbrennung, eine Weltvergiftung auszuführen. Und wir alle versanken in Angst und Schrecken. Aber der fünfte Tag brachte wieder eine Wendung: Wir sahen in den Cockpits der amerikanischen Piloten Videoszenen, auf denen der Feind oder seine Stellungen oder seine Häuser oder seine Panzer oder seine Flugzeuge wie nichts weggefegt, zerschossen wurden. Und sollte sich vielleicht am nächsten Tag herausstellen, daß das Ganze überhaupt nur ein Videofilm war?

Daß Saddam Hussein eine Erfindung Hollywoods oder von CNN ist? Oder? Oder? Oder? Ich wurde zum Idioten der Geschichte gemacht, und ich habe nach einigen Tagen beschlossen, überhaupt nichts mehr aufzunehmen, gar nichts mehr. Gymnasiasten demonstrierten damals vor der Gedächtniskirche in Berlin gegen den Krieg. Und ich bin nicht mehr auf die Proben im Schillertheater gegangen, sondern zu diesen Kindern, und habe mir kalte Füße geholt. Das einzige, was ich von diesem Krieg verläßlich weiß, sind meine kalten Füße.

(1993)

Wir sind Ertrinkende (Bilder II)

Ich erinnere mich an Bilder aus dem Vietnamkrieg, die sich unauslöschlich in meine Phantasie eingeprägt haben. Ein junges, nacktes Mädchen, übersät mit Brandwunden von einer Napalmbombe, rennt über eine Brücke. Oder: Ein südvietnamesischer Offizier hält eine Pistole an die Schläfe eines Nordvietnamesen, und dessen Haut schoppt sich um den Pistolenlauf. An Bilder des Yom-Kippur-Krieges erinnere ich mich schon weniger. Und an Bilder aus Bosnien-Herzegowina will ich mich gar nicht erinnern. Ich schaue nicht mehr hin, ich halte diese Bilderflut nicht mehr aus. Sie tut das Schlimmste, was man sich vorstellen kann: Sie löst meine Fähigkeit mitzufühlen, mitzuleiden, völlig auf. Dieser Krieg in Jugoslawien ist wirklich, aber in mir ist er völlig unwirklich. Seit ein paar bosnische Flüchtlinge bei uns wohnen, spüre ich etwas vom Grauen dieses Krieges. Seit ich mit einer Flüchtlingsfrau geredet habe, der man die Ohrringe aus den Ohren gerissen hat und die immer Kopfweh hat, verstehe ich irgend etwas von dem, was da unten vorgeht. Aber wenn ich die Bilder, die

Fernsehbilder vom Krieg sehe, dann mime ich nur noch Betroffenheit. Ich bin für Lichterketten und Lichtermeere. Aber das ist nur die Entschuldigung dafür, daß ich nichts mehr spüre. Das ist nur ein öffentliches Spiel. Es trennt die Menschen in Gut und in Böse. Und es überspielt unser aller Unfähigkeit, Mitfühlende zu sein in einer Welt, die uns mit Bildern überflutet hat. Wir sind Ertrinkende. Wer so viel Angst hat, wie wir sie haben, fühlt mit niemandem mehr mit. Er rennt nur noch für sich selbst.

(1993)

Der liebe Gott und die Vagina

In Ihren Gedichten, die ja besonders autobiographisch sind, geht es vor allem um die Mutter, um den lieben Gott, um die Sünde der Unkeuschheit und um die Frauen. Lieber Gott, Unkeuschheit und Frauen, die drei gehören einfach zusammen.

Der liebe Gott und die Vagina – das ist ja auch wirklich eine spannende Kombination. Warum sollte ausgerechnet die Literatur daran vorbeigehen? Wenn man wie ich in die postfaschistische Suppe gefallen ist, konnte man dem gar nicht entrinnen. Wenn ich aus unserem Küchenfenster hinausgeschaut habe, dann habe ich den Maria Saaler Dom gesehen. Mit elf Jahren war ich Ministrant. Und wenn wir Jugendliche uns trafen, dann redeten wir von den Frauen, ununterbrochen. Und wenn Sie mich jetzt fragen, warum sich das alles in meinen Gedichten so vermischt, dann erkläre ich Ihnen diese Vermischung. Also daß wir mit den Nazis zusammengekommen sind, wir Kinder, ist ja klar, es waren ja überall Nazis. Aber wie der liebe Gott und die Fut zusammengekommen sind, das muß ich genau beschreiben. Das hing mit der Kirche zusammen, mit der Messe. In den hinteren Bänken saßen wir und in den vorderen die Klosterschülerinnen, von den Schwestern streng bewacht. Es war unmöglich, außerhalb der Kirche mit ihnen in Kontakt zu kommen. Also versuchten wir es in der Kirche. Wir schlichen unter den Bänken durch, bis wir vorne bei den Klosterschülerinnen landeten oder genauer gesagt zwischen ihren Beinen. Der Priester redete von der Kanzel von Gott, in der Kirche roch es nach Weihrauch, und vor meiner Nase roch es nach Fut. Es war wunderbar. Bis heute sind der Futgeruch und der Weihrauchgeruch für mich auf das herrlichste miteinander verbunden.

Bleiben wir bei dieser Kombination, die Ihnen ja offensichtlich am Herzen liegt.

Ihnen! Sie fragen ja danach!

Ich habe in einem alten Interview, das Sie im Jahre 1973 gegeben haben, gelesen, daß Sie auf die Frage, wie Sie es mit der Religion halten, geantwortet haben: »Ich bin vaginal-orthodox.« Ich habe den Eindruck, diese Position eines Vaginal-Orthodoxen haben Sie durch Jahrzehnte beibehalten.

Wollen Sie damit auf eine leicht ironische Weise andeuten, daß es sich bei mir um einen gestörten Menschen mit einer bestimmten Obsession handelt? Ich antworte Ihnen darauf, daß Sie selbstverständlich recht haben. Nur teile ich diese Obsession vermutlich mit Ihnen und mit dem Techniker, der da hinter der Glasscheibe sitzt und uns zuhört.

Und unsere lieben Zuhörer wollen wir auch nicht ausnehmen.

Das ist ja das Schöne an der Literatur. Der Literat beschreibt die unseligsten Verquickungen, die Leser lesen das und zeigen mit dem nackten Finger auf ihn. Er beschreibt in der Regel die Situation, aber er tut es völlig ungeschützt, während der Leser geschützt bleibt. Die Literatur handelt von vielen, aber da sie eine Grenzüberschreibung darstellt, indiskret ist, im besten Fall auch unappetitlich, kann dieses Allgemeine in der Literatur dem Literaten angelastet werden. Er wird als pathologisches Einzelschicksal hingestellt, als ein besonders Krankhafter.

Aber in Wahrheit hat ganz Österreich seinen Kopf zu lange im Weihrauch gehabt.

(1993)

An das Bundesministerium für Auswärtige Angelegenheiten

Sehr geehrter Herr Gesandter Doktor Rainer!
Ihr Mit-Diplomat, Herr Dr. Koller von der österreichischen Botschaft in Helsinki, hat mir vorgeschlagen, eine Woche durch Finnland zu fahren und an vier Universitäten Lesungen und Vorträge zu halten, das Ganze für ein Honorar von ÖS 7000,–. Auf die Frage, ob dies nicht etwas wenig Geld für viel Mühe sei, antwortete er, mehr gäbe es nicht für Schriftsteller, und es habe sich noch keiner beschwert.

Über solche Mißachtung schriftstellerischer Arbeit habe ich bei meinem Auftritt im Parlament gesprochen. Sie schreiben mir daraufhin einen Brief, eine Art offizielle Stellungnahme des Außenministeriums, und überbieten dabei die Ignoranz Ihres Diplomatenbruders um einiges.

Auch Sie lassen mich wissen, daß bisher noch kein Autor aufgemuckt habe. Ist Ihnen nie der Gedanke gekommen, wie dreckig es einem österreichischen Schriftsteller gehen muß, daß er auf Ihre Schandhonorare angewiesen ist? Wußten Sie, daß es in Österreich dreitausend Menschen gibt, die schriftstellerisch arbeiten, aber daß nur ein Dutzend wirklich davon leben kann?

Stellen Sie sich einmal folgende Situation vor: In Österreich gibt es ganze zwölf Diplomaten, die von ihren Einkommen leben können, der Rest wandert von Empfang zu Empfang, bekommt ab und zu einen kurzen Auftritt im Ausland angeboten, und wenn er dafür Geld haben möchte, dann antworten ihm die Rainers und Kollers, daß »die individuellen Zuschüsse beschränkt sind – im Interesse der österreichischen Auslandskulturpolitik«.

Ist Ihnen das Unmoralische dieses Satzes, den Sie mir als Begründung für die lächerlichen Honorare schreiben, eigentlich bewußt? Sie und Ihre Mitbrüder richten Beschränkungsappelle an Schriftsteller, welche kein fixes Einkommen, keine Pension, keine Altersversorgung haben, während Sie Ihre Staatsärsche in hohe Gehälter und lebenslange Absicherungen einzementiert haben. Können Sie das Unappetitliche Ihrer Haltung erahnen, wenn Sie und die anwesenden Diplomaten ein Vielfaches von dem, was Sie einem Schriftsteller für einen Auftritt im Ausland bezahlen, anläßlich dieses Auftrittes als Buffet verfressen?

Ich werde weiterhin Lesungen und Diskussionen machen, im In- und Ausland, wenn es sein muß, auch gratis, aber ich möchte Ihren wiederkäuenden Sätzen und Ihren kauenden Antlitzen nicht mehr begegnen.

Mit Grüßen

Kopien an:
Bundeskanzler Dr. Franz Vranitzky
Bundesminister Dr. Alois Mock
Bundesminister Dr. Rudolf Scholten

(1992)

Wie verdächtig ist der Mensch?

Meine literarischen Werke kommen nicht ohne Titel aus. Meine Gedichtbände haben einen Titel, meine Essays haben einen Titel, meine Theaterstücke haben einen Titel, manche bestehen sogar nur aus einem Titel, und selbstverständlich hat auch diese Rede einen Titel. Er lautet: »Wie verdächtig ist der Mensch?«, denn ich denke mir, daß wir uns gegenseitig nicht mehr wahrnehmen, sondern einander nur noch verdächtigen können. Wir können keine Stellung zueinander einnehmen, wir können uns nur etwas *unter*stellen, jeder verdächtigt jeden, und alle haben einen Verfolgungswahn. Wenn es so etwas wie eine österreichische Seele gibt, dann ist sie mit Sicherheit paranoid.

Männer verdächtigen Frauen, und Frauen verdächtigen Männer. So nahe können wir gar nicht beieinander liegen, daß wir uns wirklich nahekommen. Denn zwischen uns nisten die Vorstellungen, wuchern die Bilder, türmen sich die Erwartungen zu solchen Bergen, daß wir uns nicht mehr sehen, wenn wir beieinander stehen oder miteinander liegen. Die Vorstellungen, die Bilder, die Erwartungen sind frei und grenzenlos, vereinigen alle Wunder, und wir sind so unförmig und so alt und so langweilig und haben womöglich noch einen Ausschlag. Wir sind, so sehr wir uns auch anstrengen und alles kaschieren, immer eine Enttäuschung.

Wenn Männer und Frauen einander nicht mehr entsprechen, dann gibt es einen Ausweg. Die Waren entsprechen immer, sofern die Auswahl groß genug ist. Die Pornoindustrie, welche mit ihren Umsätzen gerade die Stahlindustrie überrundet, bietet beispielsweise vierzig verschiedene Analstöpsel zur Auswahl an. Designer, welche früher in der Automobilindustrie gearbeitet haben, arbeiten jetzt in der Pornoindustrie, an immer perfekteren Nachbildungen von Männern und Frauen, in Latex. Die sind unverdächtig und keimfrei. Und sollten Sie, die hier Anwesenden, keinen Umgang mit solchen Artikeln haben, dann muß – statistisch betrachtet – die Bevölkerung außerhalb dieses Saales im Dauerkonsum liegen.

Glauben Sie nicht, daß ich von der Warte des besseren Menschen aus argumentiere oder gar moralisiere. Es ist mir grundsätzlich gleichgültig, wer sich womit verstöpselt. Als Dramatiker beschreibe ich die Konflikte zwischen den Menschen, das Glück und das Unglück in den Beziehungen, in meinen Stücken flüstern oder reden oder schreien die Menschen miteinander, aber was soll einer flüstern oder reden oder schreien, der mit einer aufblasbaren Latexpuppe verkehrt? Ein Leben lang habe ich Wortbrücken gebaut und Satzbauten errichtet und stehe daher ziemlich hilflos vor den stummen und abwaschbaren Surrogaten des Menschen.

Und noch etwas: Neben der Pornoindustrie boomt eine weitere Verschließungsindustrie. Die Hersteller von allem, was abschließt und wegschließt, machen die allergrößten Geschäfte. Da sitzt er nun, der gestöpselte Mitteleuropäer, allein in seiner Wohnung, geschützt von Schlössern und Alarmanlagen, und lebt das Drama der neuesten Art, in dem es keine Auf- und Abtritte mehr gibt, kein Lieben und kein Hassen mehr, kein Reden und Gegenreden, sondern Bilder von solchen Vorgängen, jede gewünschte Menge von Bildern, und die Stille am Ende des Programms. Die aktuellste Ausgabe des Menschen ist das autonome Monster, Selbstdarsteller in einem Einpersonenstück voller Sehnsucht nach dem anderen und voller Angst vor dem anderen und voller Abwehr gegenüber allem, was den eigenen Vorstellungen nicht entspricht.

Am wenigsten entspricht das offensichtlich andere, das Fremde, die Fremden, die Ausländer. Sie sind das Auffangbecken aller Verdächtigungen. An ihnen handelt jeder Dreckskerl seinen eigenen Dreck ab. In Deutschland ist man vom Menschenverdächtigen zum Menschenanzünden übergegangen, und in Österreich wird der nämliche Vorgang vorbereitet, wird das Feuer geschürt, angefacht von den Wortbläsern des Fremdenhasses.

Ich habe es oft gesagt, und ich will es immer wieder sagen: In keinem anderen Lande Europas ist der Fremdenhaß so verbreitet und so idiotisch wie in Österreich. Denn was man hierzulande dem Fremden unterstellt, was man an ihm ablehnt, wessen man ihn verdächtigt, das ist immer ein Teil von einem selbst. Ein Österreicher, der einen Tschechen oder Kroaten beschimpft, beschimpft sich selbst. Der ethnisch reine Österreicher ist eine Erfindung, es gibt ihn nicht. Es gibt keinen österreichischen Bundespräsidenten, es gibt keinen österreichischen Bundeskanzler. Es gibt und gab jüdische und kroatische und tschechische Einwanderer und deren Nachkommen in besagten Positionen. Was man Österreicher nennt, ist ein europäisches Gemisch gleichen Namens, eine Promenadenmischung, die den Glücksfall ihrer Mischung nicht wahrhaben will und sich immer wieder als deutscher Schäferhund ausgibt. Stellen Sie sich das bildlich vor: Eine Promenadenmischung setzt sich die Ohren eines Schäferhundes auf und bellt großdeutsch. Das macht die österreichischen Fremdenhasser so lächerlich und so unberechenbar.

Der Verdacht, allgegenwärtig, unersättlich, trifft einzelne Menschen, trifft Menschengruppen, trifft Klassen. Ist Ihnen aufgefallen, wie nachdrücklich das Wort »Arbeiterklasse« aus unserem Sprachgebrauch verschwunden ist? Und mit dem Wort sind die Menschen, die es bezeichnet, verschwunden. Wir wollen nichts mehr von ihnen wissen, es sei denn, das Abflußrohr ist verstopft oder die Wohnung soll billig renoviert werden. Die Arbeiterklasse ist in den letzten Jahren ununterbrochen verdächtigt worden: der Faulenzerei, der Lohndrükkerei, der Sozialschmarotzerei. Die Stadt, in der wir uns hier treffen, war geradezu das Zentrum der Verdächtigungen. Hier war jeder Stahlarbeiter verdächtig, Millionenverluste zu machen. Heute macht die halbe Belegschaft die doppelte Arbeit. Vielleicht war dies das Ziel aller Verdächtigungen? Einem Teil der Arbeiterklasse geht es den Umständen entsprechend, und dem anderen geht es sehr dreckig. Ich komme aus Retz im nördlichen Weinviertel. Dort gibt es bosnische Flüchtlinge, die für dreißig Schilling pro Stunde arbeiten. Und aus Znaim kommen Menschen herüber, die sich für fünfzig Schilling pro Stunde anbieten. Und in der Nähe von Flüchtlingslagern gibt es Arbeiterstriche, wo die Leute für noch weniger Geld zu haben sind. Und in Wiener Kellern und Hinterhöfen arbeiten Hunderte aus ehemals sozialistischen Ländern, werden nicht angemeldet und verdienen viel zu wenig für ihre Arbeitskraft und zahlen viel zu viel für ihre Zimmer. Und im österreichischen Gastgewerbe finden ähnliche Schweinereien statt. Und so weiter und so fort. Das ist uninteressant geworden. Mit dem Wort »Arbeiterklasse« sind die Menschen und ihre Nöte verschwunden. Wer vom Verdachte aufgefressen wird, wird verdaut und ausgeschieden und hat keinen Anspruch auf Bedeutung.

Die Verdächtiger gewinnen an Macht, die Verdächtigten werden immer ohnmächtiger. Wer nicht zurückreden kann, weil ein anderer das letzte Wort hat, und sei es das dümmste, der verliert das Spiel. Es ist ja schon eine Binsenweisheit, daß die Medien, die Verbreiter des jeweils letzten Wortes, die Macht im Staate übernommen haben, und es ist daher nur konsequent, wenn die Medienzaren Ministerpräsidenten werden. Ich warte auf den Augenblick, und er ist nicht fern, da Herr Dichand als Reinkarnation von Kim il Sung am österreichischen Medienhimmel erscheinen wird.

Der Journalismus ist die meistverbreitete und bestorganisierte Form der Verdächtigung. Politiker regieren kaum mehr, sie reagieren nur noch auf Medien. Längst verbringen sie mehr Zeit mit dem Ausräumen von Verdächtigungen oder mit dem Einräumen von Vorwürfen als mit ihren Amtsgeschäften. Das Glück eines österreichischen Politikers besteht schon lange nicht mehr darin, einen Hochofen anzustechen, eine Autobahn zu eröffnen, sondern darin, drei Tage hindurch in keiner Zeitung verdächtigt zu werden. Es ist völlig unerheblich, ob ein Verdacht Körnchen, Brocken oder ganze Massive von Wahrheit enthält. Entscheidend ist, daß in jener Geschwindigkeit, in der Berichte erscheinen und wieder verschwinden, Wahrheit und Unwahrheit nicht voneinander zu trennen sind. Das Ergebnis dieser Geschwindigkeit ist die Verdachtsgesellschaft, jeder ist verdächtig. Und selbst die Entkräftung eines Verdachts ist machtlos gegen die Geschwindigkeit: Irgend etwas bleibt immer hängen.

Die Geschwindigkeit ist der Feind der Tatsachen und des Tatsächlichen. Wie kann man begreifen, was eine Wiese ist, wenn man mit hundertfünfzig Stundenkilometern an ihr vorbeifährt? Man sieht sie, aber man riecht nur das Benzin. Man braucht eine Panne, eine Pause, eine Rast, um ihr näherzukommen. Welche Wahrheit sollte sich im Durchblättern erschließen, welche Meinung sich im halben Hinschauen, welches die moderne Form des Wegschauens ist, bilden? Das Weltgeschehen wird täglich vollständig veröffentlicht, und man begreift gar nichts. Das einzige, was bleibt, ist das Gefühl, daß alles und alle verdächtig sind. Das einzige, was man empfindet, ist Angst. Und daraus erwächst der Verfolgungswahn und aus ihm neue Verdächtigungen.

Journalisten spüren, daß sie in diesem Brei aus Wahrheit und Lüge zu versinken drohen, und haben ein ständiges Bedürfnis nach irgend etwas Gültigem, Verbindlichem, Bleibendem. Sie legen riesige Archive an, in der Hoffnung, ihr Geschriebenes würde dadurch wahr, beweisbar werden. Sie fragen die Archive ab und vergessen dabei, daß auch die Artikel in den Archiven von Journalisten geschrieben wurden, die ihrerseits die Archive abgefragt haben. So betrachtet, muß man sagen, daß die Zeitungen mit den größten Archiven am meisten lügen.

Ich verstehe die Journalisten, ich bin ja auch ein Lügner. Auch ich vermische Vorgefundenes mit Erfundenem. Aber das Theater, mein Gewerbe, erhebt diesen Schwindel zur Methode, will gar nichts anderes sein als Fiktion und öffnet dadurch das Tor zur Wirklichkeit. Gerade weil Sie wissen, daß

Ihnen da oben auf der Bühne etwas vorgespielt wird, glauben Sie, es sei wirklich. Im Journalismus ist es genau umgekehrt. Er fordert sie ständig auf, alles Geschriebene für bare Münze zu nehmen, und gerade dadurch wird alles zu Falschgeld. Ach, wäre der ganze Schwindel doch eingestanden, würde man doch sagen: »Was immer ihr bei uns von der Welt erfahrt, es ist eine Vermutung, eine in der Geschwindigkeit aufgestellte Verdächtigung, eine in der eigenen Redaktion gemästete Ente, denn wir müssen ja auch von etwas leben«, wäre dies alles eingestanden, wir könnten Nachrichtensendungen als Unterhaltungssendungen anschauen und Zeitungen als literarische Vorübungen lesen.

Journalisten verdächtigen alles: mächtige Minister und beißende Hechte. Nur sie selbst stehen über jedem Verdacht. Ihr Charakter, ihre Abhängigkeiten stehen nicht zur Debatte. Sie sind die Beschreiber der Hölle, niemals die Betreiber. Sie stehen nicht diesseits, sie stehen jenseits der Verhältnisse. Dies ist übrigens auch der Grund, warum die Sterbebilder auf den Grabsteinen den Kolumnistenbildern in den Zeitungen so sehr ähneln. Die Journalisten sind zwar noch nicht ganz hinüber, aber schon sehr entrückt.

Die verdächtigen Eigenschaften, welche Menschen bei anderen Menschen wahrnehmen, schlummern in ihnen selbst. Die Ungeheuer, die man überall sieht, rumoren unsichtbar in der eigenen Brust, und die Vorstellung, die Hölle seien immer die anderen, ist die verbreitetste und unrichtigste. Die Kindesmißhandlungen, die Frauenmißhandlungen macht höchst selten der fremde Mann mit dem entblößten Zumpferl, sondern fast immer der eigene Vater oder Gatte hinter verdeckten Fenstern. Die Lust, mit der Michael Graff den Selbstmord von Jack Unterweger kommentierte, war die gesammelte österreichische Mordlust. Hinter den sichtbaren Taten von wenigen verstecken sich die Abgründe von vielen. Die meisten Menschen töten nicht, rauben nicht, vergewaltigen nicht, aber die meisten Menschen halten die meisten Menschen für fähig, solche Taten zu begehen, und wirken förmlich erlöst, wenn wieder einmal ein Tatverdächtiger dingfest gemacht wurde.

In einer Verdachtsgesellschaft muß einer tot sein, damit er unverdächtig wird. Ist Ihnen aufgefallen, mit welcher Massivität uns seit einigen Jahren Leichen vorgeführt werden, in Reih und Glied, als müßte man sich versichern, daß Tote wirklich tot sind, daß sich keine Verdächtigungen mehr lohnen? Jede Zeit hat einen zentralen Gegenstand, an dem ihre Obsessionen sichtbar werden. War die Atombombe Kultgegenstand der vierziger Jahre, der Mixer jener der fünfziger Jahre, die Fernbedienung jener der achtziger Jahre, so ist die Leiche, der unverdächtig gewordene Mensch, der Kultgegenstand der neunziger Jahre. Man kann nie genug Leichen haben. Erinnern Sie sich an den Tod des Dichters Thomas Bernhard? Ein Leben lang war er äußerst verdächtig, und im Moment seines Todes war er äußerst beliebt. In Salzburg bekommt man demnächst neben der Mozartkugel auch Bernhardkugeln, sie sind nur etwas bitterer im Geschmack.

Sind Tote wirklich tot? Warum wurde Bernhard so heimlich begraben und konnte als Leiche nicht öffentlich begutachtet werden? Ist die bosnische Fernsehleiche echt, oder hat sie ein Reporter von CNN mit Ketchup drapiert? Sehen Sie, es ist das Wesen des Verdachts, daß er sich niemals sattfressen kann.

Was wäre angesichts dieser mißlichen Situation zu tun, werden Sie mich fragen, und ich werde mich nicht auf die übliche Position des Schriftstellers zurückziehen, der zwar eine Analyse geben kann, aber keinen Rat. Ich werde Ihnen einen Rat geben, oder besser gesagt, ich werde Ihnen einen Vorschlag machen: Verfallen Sie Ihren Mitmenschen gegenüber in allerplumpstes Vertrauen und denken Sie ständig daran, daß es weniger Mörder gibt, als man nach dem Konsum des Fernsehprogrammes annehmen würde. Ich wage mich manchmal, selten genug, an diese Übung heran, und ich habe dabei immer sehr schöne Erfahrungen gemacht. Der Schaden, der mir entstand, war zumeist gering, und der Gewinn, der mir zufiel, war fast immer beträchtlich. Ich weiß, daß man sich in schwachen Zeiten solche Übungen nicht zutraut und anderweitig Trost sucht: beim Hund und bei der Religion. Ich verstehe solche Fluchtversuche, denn in sehr ängstlichen Zeiten nehme auch ich Kontakt mit dem lieben Gott auf, aber mein Verständnis endet, wenn sie ins Fundamentalistische ausarten: Hierzulande leben ja schon mehr Menschen mit einem Tier zusammen als mit einem anderen Menschen.

Was hat das alles, so werden Sie mich am Ende dieser Rede fragen, und dieses Ende steht unmittelbar bevor, was hat das alles mit Anton Bruckner zu tun? Gar nichts. Oder doch einiges. Denn die Menschen flüchten sich nicht nur zum Hund und zur Religion, sie flüchten auch in die Kunst. Die Osterfestspiele und die Sommerfestspiele und die Herbstfestspiele schießen ja nur so aus dem Boden. Der Weg in die Kunst, vor allem in die reproduzierende, vor allem in die musikalische, ist ein immer breiter werdender Fluchtweg. Verstehen Sie mich nicht falsch. Es gibt sehr schöne, sehr berührende Musik, und die von Anton Bruckner ist beides in besonderem Maße. Es ist so verführerisch, sich dieser Schönheit hinzugeben und von den üblen Menschen wegzugehen. Es ist so leicht zu lauschen und so schwer, weniger zu verdächtigen. Wenn Sie sich in den nächsten Tagen mit Hingabe die Brucknerschen Symphonien anhören, dann bedenken Sie für einen Moment, was für ein gepeinigter Kerl dieser Anton Bruckner war. Sein Leben lang litt er unter Verdächtigungen, solchen, die ihm angetan wurden, und solchen, die er sich selbst antat.

(1994)

Liebe Mörder!

Geschätzte Anwesende! Liebe Freunde!
Ich kann nicht Geburtstag feiern, den Geburtstag einer Republik, ohne daran zu denken, daß in dieser Republik Menschen leben, die andere in die Luft sprengen. Ich wende mich an diese Menschensprenger, mit dem, was mir zur Verfügung steht: mit Worten.
Liebe Mörder!
Sie sind unauffindbar und doch sind Sie neben mir, ganz und gar gegenwärtig. Wären Sie nur ein paar vereinzelte Verrückte, ich würde kein Wort an Sie verschwenden. Doch ich fürchte, es ist einer großen Anzahl von Österreichern gleichgültig oder recht, wenn wieder einmal ein paar »Zigeuner« tot auf der Erde liegen. Ich frage Ihre vielen stillen und halblauten Zustimmer, und ich frage Sie, liebe Mörder, auf die naivste Art und Weise: Was haben Sie gegen diese Menschen? Ist es die Hautfarbe, das Andersartige, welches Sie so unendlich reizt, daß Sie zu Sprengsätzen greifen? Doch bedenken Sie: Das Andersartige, das in Ihren Augen so Hassenswerte, das Fremde, könnte in Ihrer eigenen Familie sein, könnte von Großeltern oder Eltern an Sie weitergegeben worden sein. Es wird nicht weniger in Ihnen, wenn Sie es an anderen Menschen verabscheuen, diese Menschen in die Luft sprengen. Sie selbst sind das Gemisch, das Sie zu vernichten trachten.

Aber vielleicht irre ich mich, vielleicht haben Sie einen anderen Grund, Menschen zu ermorden. Vielleicht hören Sie die Stimmen der anderen Menschen nicht mehr: kein Geflüster, keinen Zuruf, kein Weinen und nicht die Laute der Ausgelassenheit. Vielleicht ist alles in Ihnen taub, und nur ein großer Knall, so denken Sie, kann diese Taubheit lösen. Vielleicht, so denken Sie, müssen Sie jemanden töten, damit Sie sich endlich wieder lebendig fühlen. Aber Ihre Hoffnung ist trügerisch, Ihre Sehnsucht uneinlösbar. Mit jedem Toten vermehrt sich das Tote in Ihnen. Was ein Befreiungsschrei werden sollte, wird zu einer Vermehrung der Stille. Keine Fröhlichkeit, keine bleibenden Freundschaften werden Ihnen aus dieser Tat erwachsen. Niemand wird gerne mit Ihnen reden wollen, selbst Ihre Mitmacher, die einzigen, die Ihnen noch nahe sind, müssen mit Ihnen schweigen.

Ist es nicht nur der Haß auf Menschen, ist es auch der Haß auf diesen Staat, der Sie so umtreibt? Wollen Sie anstelle dieser wankelmütigen demokratischen Einrichtungen etwas Starkes, Großes, Einmaliges setzen? Ist der Faschismus tatsächlich Ihr Ziel, dann denken Sie an das Ende des Dritten Reiches. Am Schluß war alles still, zerstückelt, getötet, auf dem Boden und unter der Erde. Das Große war kleiner denn je.

Oder haben Sie und Ihre Anhänger das Gefühl, man würde wegen vier toter Roma ein Riesenaufsehen machen, während niemand mehr von den hunderttausenden Kriegstoten redet, von Ihren gefallenen Verwandten? Zwei meiner Onkel sind als Soldaten gestorben, die Brüder meiner Mutter. In Zeitabständen nahm sie ihre Photos zur Hand, betrachtete ihre jungen Gesichter und schüttelte den Kopf. Ihre Trauer war eine stille, private. Sollten Sie es vorziehen, Ihre Toten mit Kriegerdenkmälern und Gedenktreffen zu ehren, dann will ich versuchen, dies auszuhalten.

Liebe Mörder! Irre ich mit allen meinen Mutmaßungen über Sie? Sind Sie jung und voller Wut gegen alle, die sich viele Vorteile zu verschaffen wissen, während Sie keine haben? Hassen Sie die Bootsfahrer, die das andere Ufer erreichen und alles absperren und Sie drüben lassen ohne Arbeit, ohne Platz, ohne Wohnung? Halten Sie sich für Ausgeschlossene? Wenn das so ist, warum töten Sie jene, die wie Sie am Rande leben, am Rande der Dörfer und der Städte?

Diese Rede, liebe Mörder, ist ein Versuch, das Unfaßbare Ihres Tuns zu fassen. Da ich dies mit Worten tue, und Sie auf die Tat setzen, stehe ich ziemlich lächerlich vor Ihnen da. Ich beharre auf dieser Stellung. Letztlich bringen uns nur die Worte weiter, das Reden und nicht das Zuschlagen, das Strei-

ten und nicht das Sprengen. Sie werden mit Ihrer Menschensprengerei nichts gewinnen, keinen neuen Menschen und keinen neuen Staat. Mit jedem, den Sie in die Luft sprengen, werden Sie ein Stück von sich selbst mitsprengen, bis Sie aufgelöst sind, verschwunden von der Erde. Egal, ob Sie in einem Gefängnis sitzen oder frei herumlaufen. Ich habe das einzige getan, was ich tun konnte, ich habe eine Rede an Sie gehalten. Reden Sie zurück!
Liebe Freunde! Liebe Anwesende!
Ich bitte Sie um Entschuldigung, daß ich meine Redezeit nicht für Sie verwendet habe, sondern für Abwesende. Ich danke Ihnen fürs Zuhören, und sollten die Abwesenden auch zugehört haben, dann danke ich auch Ihnen.

(1995)

Oh, Du mein Österreich

Geschätzte Anwesende! Liebe Menschen!
Verzeihen Sie, wenn ich meine Lese-Minuten dazu nutze, von etwas ganz Aktuellem zu reden. Ich habe mir diese Wortmeldung hin- und herüberlegt, aber Fritz Muliar, mit dem ich an diesem Abend die Garderobe und in dieser Sache die Überzeugung teile, hat mich bestärkt.

Seit zwei Tagen hängen in Wien Plakate, affichiert von den Freiheitlichen, einer Bewegung, die von bald einem Drittel der Österreicher gewählt wird und deren Führer man als Wegbereiter des Rechtsradikalismus bezeichnen kann. Auf den Plakaten werden meine Freundin, die Dichterin Elfriede Jelinek, der Theaterdirektor Claus Peymann und engagierte Kulturpolitiker öffentlich denunziert und zum Abschuß freigegeben.

Wenn dies eine Feierstunde der österreichischen Literatur ist, dann muß man auch davon reden, wie sehr diese Literatur im eigenen Lande zunehmend beschimpft und denunziert wird. Ich rede nicht von übertriebener Beurteilung literarischer Texte. Ich rede von versuchter Existenz- und Menschenvernichtung.

Ich weiß genau, wie problematisch solche Wortmeldungen sind. Sie sind in hohem Maße unzeitgemäß. Sie können als Österreich-Beschimpfung mißverstanden werden und sind doch das Gegenteil: ein Versuch, Österreich, auch sein Ansehen im Ausland, vor seinen wahren Beschimpfern zu schützen, und außerdem hätte es mir mehr Freude gemacht, Ihnen etwas Literarisches vorzulesen.

Ich danke fürs Zuhören.

(1995)

DIE LETZTE LIEBESGESCHICHTE FINDET IM THEATER STATT

Gemeindehoftheater

Zwei Frühsommer lang bin ich mit dem Dario Fo-Theater durch die Innenhöfe der Wiener Gemeindebauten gezogen. Seit zwanzig Jahren lebe ich in dieser Stadt, aber so ist sie mir noch nie erschienen. Wir spielten Theater, und wir erlebten Theater: den alten, in Einsamkeit verrückt gewordenen Pensionisten, der seinen Fernseher während unserer abendlichen Vorstellung nicht leiser drehen wollte, weil er darauf beharrte, daß es jetzt nicht acht Uhr abends sondern acht Uhr morgens sei; die jugoslawischen und türkischen Kinder, die ihr Fußballspiel auf der Bühne fortsetzten und die erst in der Mitte des ersten Aktes begannen, der ihnen noch fremden Sprache zuzuhören; die geistesgegenwärtige Fortsetzung unseres Spieles aus einem offenen Fenster, nachdem zwei Darsteller vom Hausmeister irrtümlich in eine Wohnung eingesperrt wurden; die pietätvolle Unterbrechung unserer Komödie, weil gerade ein Sarg aus einer Gemeindebauwohnung getragen wurde; die Rocker in der Großfeldsiedlung, die auf die Bühne sprangen, um ihr eigenes Stück zu spielen, und immer wieder das Hervortreten der sozialen Wirklichkeit hinter den offiziellen sozialistischen Schönfärbungen: grölende Trunkenheit, anstehende Delogierungen, zerstörte Gesichter, beschmierte Hauswände.

Die Menschen in den Gemeindehöfen haben mein Stück »Die Wirtin« angenommen, manchmal skeptisch, manchmal still, oft mit Freude. Trotzdem habe ich mir immer wieder gedacht, das ist nicht »ihr« Stück. »Ihr« Stück spielt sich vor uns ab. Man müßte es nur noch auf die Bühne bringen.

(1987)

Wir sind Kinder der postfaschistischen Provinz

Im Unterschied zur Ersten Republik, deren Schriftsteller mit wenigen Ausnahmen aus dem Bürgertum stammten – Schnitzler, Zweig, Karl Kraus lebten weniger von ihren Einkünften als Literaten, sondern mehr vom Ererbten –, stammt die Schriftstellergeneration der Zweiten Republik, der ich mich zugehörig fühle, zum überwiegenden Teil von Handwerkern, Bauern, Arbeitern ab. Und sie stammt in der Regel aus der Provinz, aus den Kleinstädten, aus den Dörfern und ging beinahe geschlossen, Mitte bis Ende der sechziger Jahre nach Wien. Wir alle, Peter Handke, Wolfgang Bauer, Michael Scharang, Gernot Wolfgruber, Marianne Fritz und so weiter, wurden zu Ende des Krieges geboren, waren Kinder der Kärntner, der Steirer, der Vorarlberger, der Salzburger Provinz, in welcher der Faschismus 45 zwar offiziell beendet wurde, inoffiziell, als Geisteshaltung, als Geistesvergiftung aber fortbestand. Wir sind Kinder der postfaschistischen Provinz, und wir tragen diese Wunden, wie unterschiedlich wir auch schreiben und wohin wir auch gehen mögen, ein Leben lang mit uns. Zu Beginn der sechziger Jahre hatte diese Literatur, die eine aufschreiende war, in Österreich keinen Platz. Unsere ersten Bücher, die meisten Aufführungen unserer Stücke gab es in der Bundesrepublik. Wir waren schon wer, zumindest öffentlich bekannte Störenfriede, bevor wir in diesem Lande als Schriftsteller wahrgenommen wurden. Anfang der siebziger Jahre bekam diese exilierte österreichische Literatur ein wenig Heimatrecht. Bühnen wie das Wiener Volkstheater, Verlage wie der Residenzverlag, kümmerten sich um diese neue österreichische Literatur. Sie bekam auch österreichische Öffentlichkeit. Das Kämpferische dieser Literatur und die politischen und essayistischen Einmischungen der Literaten haben auch einen ökonomischen Grund: Hinter uns ist nichts, keine Familie, kein Besitz, keine Absicherung, wir kämpfen buchstäblich um unser literarisches und ökonomisches Überleben. Vielleicht können

Sie verstehen, daß ein Satz eines ÖVP-Politikers: »Leute wie Hrdlicka, Deix und Turrini mögen doch ins Ausland gehen, wenn es ihnen hier nicht paßt«, mehr ist als ein schlechter Politikerwitz, er ist eine Bedrohung. Es gab in den fünfziger und sechziger Jahren talentierte Wiener Bürgersöhne, die auch dichteten. Sie haben diesen Druck nicht ausgehalten, heute sind sie Ministerialräte.

Heute haben wir die große Koalition. Das mag einigen von Ihnen vernünftig erscheinen, für uns ist es eine Katastrophe. Immer wenn sich die koalitionären Arschbacken in Einigkeit straffen, erstickt Kunst. Ich habe jetzt fünf Jahre mit meinem Freund Rudi Palla an einer Geschichte der österreichischen Arbeiterbewegung geschrieben, es sollten sechs Filme werden, zwei wurden gedreht, vier abgewürgt. Wie würden Sie es empfinden, wenn man mit fünf Jahren Ihrer Arbeit so umgehen würde?

Ich habe in zwanzig Jahren meines öffentlichen Daseins als Schriftsteller gelernt, daß man hier bekämpft, beklaut und mißachtet wird, aber man hat auch Freunde.

(1988)

Wiener Aktionismus

Zu dem Zeitpunkt, als die ersten Aktionen liefen, war dieses Land, seine Kunstszene, sein Journalismus, ganz verrottet. Es gab eine österreichische Kunstförderung, aber das Geld bekamen die dichtenden Gattinnen der Kulturbeamten, und alte Nazis bekamen Förderungspreise. Mühl und Brus wurden von den österreichischen Zeitungen als Verbrecher hingestellt, die Polizei wurde ihnen auf den Hals geschickt. Es war eine menschliche und künstlerische Großleistung von ihnen, in die

Uni zu scheißen. Es war das Schönste, was sie machen konnten.

In Deutschland haben die Studenten die Universitäten besetzt, in Österreich haben Mühl und Brus in die Uni geschissen. Natürlich war der Protest von Mühl und Brus in einem gewissen Sinne auch ein politischer, aber nicht als politisches Programm, sondern als künstlerische Aktion. In diesem Lande hat sich das Politische schon immer ins Künstlerische verwandelt. Die politischen Streitfragen wurden als Kunstfragen ausgetragen. Heute schreiben ja auch die Zeitungen wochenlang über Claus Peymann, berichten in den Abendnachrichten über ihn, noch vor Bosnien. Der Hitler wollte ja auch Künstler werden, Maler. Stellen Sie sich vor, die Akademie hätte ihn aufgenommen, alles wäre zur Kunstfrage geworden. Leider haben ihn die Deutschen aufgenommen und politisch ernstgenommen.

Wir sitzen hier in einer Stadt, die einmal die Hauptstadt eines gigantischen Imperiums war, nämlich der österreichischen Monarchie, die von Spanien bis nach Rumänien reichte. Plötzlich aber, im Jahre 1918, von einem Tag auf den anderen, von Mittwoch auf Donnerstag, bleibt nur die Kapitale übrig, und das Land rundherum verschwindet im wesentlichen, von einem kleinen Rest abgesehen. Das heißt aber, daß die Menschen alles nur noch behaupten, alles nur noch spielen. Am nächsten Tag, nach dem Untergang der Monarchie, gingen die Personen weiterhin ins Kaffeehaus oder in die Ämter oder in die Regierung, nur hatten sie kein Land, keine Provinz, keine Güter, keine Schlösser mehr, nichts mehr zu regieren. Plötzlich waren hier Menschen in einer Stadt, die so taten, als ob. Und deshalb ist die Theatralisierung in diesem Land, das Spiel umfassend. Es ist ja schön zu spielen, es ist schön zu fliegen, sich zu erheben, in der Unwirklichkeit des Theatralischen zu leben. Aber wenn Sie keinen Landeplatz haben, dann stürzen Sie ab und zu ab. Natürlich stürzen hier die Menschen, auch ich, manchmal ganz schwer ab, denn wir leben ja in einem

Land, das in Wahrheit gar nicht existiert. Österreich ist eine Fiktion. Bei manchen aktionistischen Verfahren hatte ich das Gefühl, die suchen nach der Realität, obwohl sie so irreale Dinge tun. Ein Künstler wie Adolf Frohner hat mir einmal gesagt, zeitweise hätten sie alles angenagelt, und da habe ich mir gedacht, na ja, Annageln, das ist Festhalten und sagen: Verdammte Lügenbande, verdammte Spielerbande. Ihr könnt doch nicht immer und ewig nur so tun, als ob, ihr habt mit dem Ersten Weltkrieg halb Europa ins Unglück gestürzt, ihr habt die Juden wirklich umgebracht, ihr habt doch nicht nur KZ gespielt, seid dort echte Wächter gewesen.

Ich kann mich erinnern, daß ein ganz wesentlicher Punkt des Schocks, den der Aktionismus auslöste, die Tatsache der nackten Frauen war bzw. die Tatsache, daß die Frauenkörper bespritzt wurden. Offensichtlich spielte für die politische Restauration das sexuelle Tabu eine ganz entscheidende Rolle. Die Leute haben sich unglaublich darüber aufgeregt, daß plötzlich alles dreckig und schmutzig und flüssig war. Bis zu diesem Zeitpunkt konnte man ja sicher sein, daß das Bild eines Malers halbwegs trocken ist, daß es nicht herunterrinnt oder daß die Malerei begrenzt ist durch einen Rahmen, sprich: daß das Tafelbild nicht überschritten wird oder daß die Schauspieler auf der Bühne nicht ins Publikum hinunterspucken. Die Aufhebung dieser Distanz, die Aufhebung des Rahmens und des Grabens zwischen Bühne und Zuschauerraum, das war ein wesentliches Element des Aktionismus. Der Skandal von Peter Handkes »Publikumsbeschimpfung« war nicht der Text, sondern die Tatsache, daß die Schauspieler von der Bühne heruntergingen und sich plötzlich einigen Zuschauern auf den Schoß setzten.

Ich glaube, daß der Aktionismus der 50er Jahre, das Scheißen und das Schütten, passé ist. Aber dieser Aktionismus war die Voraussetzung für die gesamte weitere künstlerische Entwicklung in diesem Lande. Wenn Sie das Stück von Handke nehmen, die »Publikumsbeschimpfung«, wenn Sie Bernhards erstes Stück nehmen, es hieß »Die Köpfe ab«, dann werden Sie bemerken, daß das Theater um eine aktionistische Dimension weitergekommen ist, nämlich daß auf einmal Schauspieler zu den Zuschauern runtergegangen sind und sie geohrfeigt oder beleidigt haben, daß auf der Bühne mit Materialien agiert, mit Blut herumgeschüttet wurde. Bei meinem ersten Stück besteht die Bühne überhaupt nur aus Dreck, sie ist ein einziger Dreckberg. Das heißt, der Aktionismus ist in alle Sparten der Kunst eingedrungen. Übrigens auch ins Cabaret. Früher gab es nur rein intellektuelles Cabaret, ein Sprachcabaret sozusagen, in der Ersten Republik, beeinflußt vom jüdischen Wortwitz. Nach dem Aktionismus gab es ein richtiges Aktionscabaret in Wien, da wurde mit Materialien gearbeitet. Der Aktionismus, behaupte ich, ist der Pate, ist die Voraussetzung der österreichischen Kunst der 70er und 80er Jahre. Die Aufgabe der Aktionisten in den 50er Jahren war es, den österreichischen Faschismus, diese große österreichische Verdrängung, diese wirkliche Katastrophe als Zerstörung aufzudecken. Das ist heute kein Thema der Kunst mehr, das ist Aufgabe der Historiker. Heute läuft ja der umgekehrte Wahnsinn: Es ist alles aufgedeckt. Der Aktionismus ist überall. Wenn man heute aktionistische Szenen auf der Uni machen würde, mit zerfetzten Körpern, mit blutbespritzten, dann würden dort die Kids alle sagen: Das hab' ich gestern im Fernsehen viel spannender gesehen. Ich wiederhole mich: Der Aktionismus war eine Attacke gegen die Lüge, gegen das Verstecken. Heute wird nichts mehr versteckt, heute werden Sie mit allem konfrontiert, selbst wenn jemand ein Organ spendet, sehen Sie groß, wie die Leber ausschaut. Man muß heute über einen Antiaktionismus nachdenken. Man müßte überlegen, wie kann man etwas zudecken, welche Vorhänge kann man herunterlassen, und nicht: welche kann man aufreißen und besudeln. Der Aktionismus hat gesiegt, so wie er es sich nie vorgestellt hätte.

(1993)

Über Adolf Frohner

Wer im Jahre 1944 zehn Jahre alt und ein Landkind war und nach dem unbeugsamen Willen seiner bäuerlichen oder kleinbürgerlichen Eltern Adolf hieß, der hat einiges gesehen und gehört: Die Schritte von Soldaten und den nachgerufenen Satz einer Frau und das Brausen der Tiefflieger und das Gebrüll des Ortsgruppenleiters, der auf einem Podest stand, an einem Sonntag, den Arm ganz steif von sich gestreckt, und der immer wieder einzelne Worte und manchmal sogar einen ganzen Satz aus sich herausbrüllte, und später, vor dem Gasthaus, hörte der zehnjährige Junge plötzlich die verzweifelten Schreie einer Frau, der sie mit einem Trichter Most in den Schlund pumpten, was der Junge nicht sah, weshalb er sich zwischen die johlenden Bauern drängte, welche die Szene umringten, und da lag eine fremdländisch aussehende Frau am Boden, halbnackt und aufgepumpt und vor sich hinschluchzend, und der Junge schaute mit großen Augen zu und schwieg. Und nur eineinhalb Jahre später, nach all diesem Marschieren, Rufen, Brüllen, Johlen und Schluchzen, war der Weltkrieg vorbei, und die grölenden Akteure verwandelten sich in Teilnahmslose, die nichts getan, nichts gesehen und nichts gehört hatten. Aber der Junge und mit ihm viele andere Kinder vom Lande waren sicher, Zeugen von etwas Ungeheuerlichem gewesen zu sein, sie konnten diese Gewißheit mit niemandem teilen, denn die Erwachsenen schwiegen, erklärten damit das Vorgefallene für nicht vorgefallen und zeigten mit der Hand zur Wand des Klassenzimmers. Dort hing, wo früher Hitler hing, der Renner, dann der Körner, dann der Schärf und so weiter, die ganze Demokratie. Und wer immer noch Fragen hatte und reden wollte, bekam von seinen Eltern zehn Schilling und konnte sich einen Wildwestfilm im Peterhofkino in Annabichl anschauen oder einen Heimatfilm im Roxy-Kino in Hollabrunn. Von diesem Schweigen der Nachbarn, Eltern und Lehrer wurden die meisten Landkinder taub und hörten nie wieder zu und führten das stumme Leben eines Durchschnittsösterreichers, und manche schafften es sogar darüber hinaus und wurden Mandatare einer österreichischen Partei und brüllten wie ihre Väter, mit dem einzigen Unterschied, daß sie ihre Hand nicht hochhielten, sondern aufhielten. Einige wenige dieser Landkinder gingen in die Stadt und brüllten gegen ihre Väter auf Demonstrationen, und ein paar von diesen Provinzkindern wurden Künstler, wie der Frohner Adi. Ich fühle mich ihm verwandt, seit wir uns das erste Mal in den sechziger Jahren in Wien trafen, aber sein Verwandter bin ich im Grunde auch schon früher gewesen: Wir sind Gefangene gleicher Laute und gleicher Bilder, ähnlicher Szenen.

Heute ist die Menschenschändung allgegenwärtiges Thema. Die Mörder und ihre Opfer drängen sich in allen Kanälen, bis man so viele von ihnen sieht, daß man sie nicht mehr sehen kann. Anfang der siebziger Jahre, als Leute wie Frohner und ich mit dem Malen und Dichten begannen, war es genau umgekehrt. Das Mörderische, das Gewaltsame, das Faschistische war verhüllt, verpackt in Nylon und Plastik, aus dem Medium Fernsehen drangen keine Bilder vom gewesenen heißen Krieg und keine vom gerade laufenden Kalten Krieg, sondern ein milde lächelnder älterer Herr namens Rudolf Hornegg lud zu einer Sendung mit dem Titel »Quiz 21« ein. Unsere Kunstversuche waren Enthüllungsbemühungen, wir wollten die Verpackung, das Nylon und das Nette, zerreißen und wurden fündig: Das Zerstörte, das Zerborstene, das Erbrochene, das Blutige kam als rohes Material, als stinkender Haufen zum Vorschein und auf die Leinwand oder auf die Bühne und erntete nebst Unverständnis, Haß und Staunen sein erstes Etikett: Wiener Aktionismus.

In den siebziger Jahren verließ Frohner das rohe Material und malte Menschen, häßliche, deformierte Menschen. Ich erinnere mich genau an meine ersten Erfahrungen mit diesen Bildern. Diese Figuren voller Fettwülste und Narben stießen mich ab und zogen mich gleichzeitig in ihren Bann, das Fleisch quoll ihnen aus den Kleidern, sie waren mit Seilen verschnürt und an Stühle und Tische gefesselt, sie waren so erniedrigt, so hilflos und so schweigsam, daß man stellvertretend für sie um Hilfe schreien wollte. Was wir Schriftsteller in den siebziger Jahren mit unseren sozialen Dramen auf die Bühne brachten, brachte Frohner mit aller Radikalität auf die Leinwand. Er ergriff Partei für die Zugerichteten, erhob sie damit zu schönen Menschen und machte ihre Peiniger häßlich. Da war wieder die Frau, der man Most einflößte, die am Boden lag und schluchzte, und je länger die Geschichte zurücklag, desto besser verstand der Junge, was geschehen war, und desto genauer wurden seine Bilder.

Jetzt und heute ist alles anders. Kein Landjunge muß sich zwischen grölende Bauern drängen, um das Gesicht einer geschundenen Frau zu sehen, kein Künstler muß sich über ein geschöntes Fernsehprogramm ärgern, über einen alten Quizmaster lustig machen, nichts muß zerrissen und aufgedeckt werden, alles quillt ganz selbstverständlich, völlig ungefragt auf uns ein, man könnte sich nach der Schamhaftigkeit der sechziger Jahre sehnen, gegen die wir so Sturm gelaufen sind, sie würde uns eine Pause gönnen von all diesen Leichen und Fischstäbchen und Traumreisen und Kadavern. Was in den fünfziger und sechziger Jahren weggepackt war, verdrängt war, versteckt wurde, die Trümmer und Opfer des Faschismus, was in den endsechziger und siebziger Jahren mit Demonstrationen und Kunstwerken mühsam an die Öffentlichkeit gebracht wurde, braucht diese Anstrengung nicht mehr, das Zerstörte, das Getötete ist vollständig in der Öffentlichkeit, es ist, in zwanzig Kanälen vorgeführt, Öffentlichkeit schlechthin. Wenn die Atombombe der Gegenstand der vierziger Jahre war, der Mixer der Gegenstand der fünfziger Jahre, die Fernbedienung der Gegenstand der achtziger Jahre, dann ist der Kadaver, die Leiche, der zerstückelte Mensch der Gegenstand der neunziger Jahre. Adolf Frohner, ein malender Chronist des letzten Drittels dieses Jahrhunderts, hat auch die allerneueste Entwicklung in seinen letzten Bildern eingefangen: Seine Figuren lösen sich auf, in Knochen und Fleisch.

Die Szene im Dorf, das Schluchzen der Frau, das frivole Lachen der Bauern, wurde lange geleugnet und lange verschwiegen. Zu lange: Jetzt breitet sich die Szene aus, mit aberwitziger Geschwindigkeit, zwischen Hollywood und Sarajewo, ist immer und überall und wird von keinem staunenden Blick mehr eingefangen. Aber die Frage, warum sie stattfindet, müssen wir weiterhin stellen.

(1993)

Die Minderleister I

Das Stück »Die Minderleister« spielt in den sogenannten Krisenregionen. Ist der Titel des Stückes ein Begriff aus der Arbeitswelt?

In den Personalbüros der Stahlwerke liegen Listen mit den Namen von Arbeitern, die in nächster Zeit entlassen werden. Auf diesen Listen steht das Wort »Minderleister«. Mit diesem Wort verbinde ich den schäbigen Versuch, die Krise in der Stahlindustrie auf Kosten der Schwächsten auszutragen. Angesichts der Arbeit, die diese Menschen in den Stahlwerken vollbringen, ist dieser Begriff eine besondere Ironie. Die Herstellung von Stahl läßt eine »Minderleistung« überhaupt nicht zu. In Wahrheit ist eine Gesellschaft in die Krise gekommen, ist eine Politik in die Krise gekommen, jetzt werden die an der Krise Schuldigen gesucht. Man nennt sie »Minderleister«, als wäre es ihre »mindere Leistung«, die zur Krise geführt hat.

Die Stahlkrise ist ein Thema der Politik, sie ist ein Thema der Medien, das Thema ist »in«.

Und die Betroffenen sind out. Mich hat immer interessiert, was mit jenen Menschen geschieht, die zu den Verlierern einer ökonomischen und gesellschaftlichen Krise gehören. Ich ziehe jetzt eine historische Parallele: Im Jahre 1891 war der argentinische Weizen an der Wiener Weizenbörse billiger als der österreichische. Wie konnte das passieren? Die Anbauflächen in Argentinien waren riesig. Die Transportmittel hatten sich entwickelt, und der Weizen aus Übersee war plötzlich billiger als der heimische. Ein ganzer Berufsstand, der bäuerliche, verelendete, Knechte, Mägde, Klein- und Mittelbauern gingen in die Großstädte. In der Sprache der Ökonomie nennt man so etwas »Strukturbereinigung«. Aber solche Begriffe werden geschaffen, um menschliches Elend zu verdecken. Was damals passierte, wiederholt sich heute, wenn auch unter anderen ökonomischen Voraussetzungen und mit anderen Erscheinungsformen. Natürlich ist das Thema »in«, aber es sind wieder die kalten Begriffe der Politik, die Slogans von Diplomkaufleuten, welche die Sache wiedergeben. Es herrscht ein journalistisches und politisches Geschrei über die Notwendigkeit von Sanierungen und Privatisierungen, die Entlassungsziffern werden nur noch in Tausendern genannt, aber es herrscht Schweigen über das Los der Betroffenen.

Kann man das Los der Betroffenen aus dem goldenen Käfig Wien oder aus der Abgeschiedenheit eines Retzer Klosters, in dem Sie das Stück geschrieben haben, überhaupt erfassen?

Die Sanierungspolitik wird derzeit von Politikern und ihren anverwandten Journalisten wie eine neue Heilslehre verkündet. Wer sich mit diesen Verkündigungen zufrieden gibt, versteht gar nichts, obwohl er glaubt, alles zu verstehen. Es klingt ja auch alles so logisch: Die Stahlindustrie ist in die Krise gekommen, die Gürtel müssen enger geschnallt werden. Die erste Frage lautet für mich: Wem müssen die Gürtel enger geschnallt werden? Den Arbeitern, die in der unvorstellbaren Hitze des Hochofens seit 20 oder 30 Jahren in einem Schichtbetrieb arbeiten, der Sonn- und Feiertage einschließt? Oder jenen Politikern, die uns mit einer Sprache, die sie sich auf Wirtschaftsuniversitäten angelernt haben, in die Zweidrittelgesellschaft einüben wollen? Oder jenen Managern, die im Genuß ihrer hohen Gehälter und kommenden Abfertigungen mit Entlassungszahlen nur so um sich werfen? Oder jenen widerlichen Journalisten, die auf das Los der Betroffenen mit Spott reagieren und sie als Sozialschmarotzer diffamieren? Die Täter sitzen in den Vorstandsetagen und in den Schreibstuben. Im Bewußtsein ihrer Verantwortung, bewaffnet mit der Kälte des Herzens, abgesichert durch hohe Gehälter handeln sie logisch. Ein Verantwortlicher hat mir in einem Gespräch gesagt, er wäre zuständig für den Erfolg des Betriebes, die Situation der Entlassenen falle »nicht unmittelbar in seinen Kompetenzbereich«. Die Verantwortlichen wollen die Folgeerscheinungen ihres Handelns nicht sehen. Niemand will sie sehen, Hauptsache, wir sanieren uns. Das Elend der Betroffenen bleibt unsichtbar, bleibt verschwiegen. Ich hätte dieses Stück nicht schreiben können, ich hätte es nicht erfinden können, wenn ich nicht vieles davon vorgefunden hätte. Das Vorgefundene aber mußte ich erst aufsuchen, ich mußte es suchen.

Warum reagieren in Österreich die betroffenen Stahlarbeiter, ihre Gewerkschaften, so still auf das, was da passiert?

Das öffentlich zugelassene Bild der Krise wird ja nicht nur uns, es wird ja auch den betroffenen Arbeitern ständig vermittelt. Nicht nur wir erfahren, auch sie erfahren, daß es ihnen so schlecht eigentlich nicht geht, daß sie umgeschult werden, daß demnächst neue Industrieansiedlungen geplant werden usw. Selbst ihre Entlassung, ihre Ausgrenzung, erfolgt mit einem Begriff, der nicht unangenehm klingt. Sie werden »freigesetzt«. In diesem Wort schwingt die Freiheit mit, eine Erholung von den Anstrengungen der Arbeit.

Wer möchte nicht ab und zu freigesetzt, also in Freiheit gesetzt werden. Solche Begriffe sind, gemessen an der Wirklichkeit dieser Menschen, unwirklich, verlogen. Es ist schwer für die Betroffenen, gegen die öffentlich vermittelten Bilder ihre eigene Wirklichkeit zu setzen. Wenn andere ständig für sie sprechen, über sie sprechen, dann müssen sie erst lernen, von sich zu sprechen.

Noch einmal. Ich vermisse ein Zeichen der Arbeiterschaft oder der Gewerkschaft. Im Ruhrgebiet wird ein großes Stahlwerk geschlossen, und die Arbeiter sind auf die Straße gegangen. Sie haben eine Autobahn blockiert. Sie beginnen, sich zu wehren, das sehe ich in Österreich derzeit nicht.

Ich kann nicht über die Situation in der BRD sprechen, ich kenne sie zu wenig. Die Blockade der Autobahn hat mich gefreut. Der Zorn, der sich da entladen hat, ist etwas sehr Wichtiges. Er ist ein Zeichen dafür, daß die Menschen nicht mehr andere für sich sprechen, für sich entscheiden lassen wollen. Die österreichische Situation sieht aus meiner Sicht folgendermaßen aus: Zu Beginn der 60er Jahre begann der kleine wirtschaftliche Aufstieg, das kleine Glück der österreichischen Arbeiter. Dieses kleine Glück war eine Art Gegengeschäft, es wurde ihnen zugebilligt für politisches Stillhalten. Der Vertreter der Arbeiter, die Gewerkschaftsfunktionäre setzten sich mit den Betriebseignern, den Managern an einen Tisch. Die Gewerkschaft wurde zum Januskopf, sie vertrat nominell die Interessen der Arbeiter, lernte aber gleichzeitig mit dem Kopf der Geschäftsführung zu denken. Solange der kleine Aufstieg des Arbeiters funktionierte, solange die Reise nach Bibione und später vielleicht nach Bangkok möglich war, fiel der Verlust des Politischen nicht weiter auf. Die Sache lief, Kredite waren leicht zu erhalten, die Häuschen waren zu bauen, wenn auch mit Mühsal und Anstrengung. Das Gegengeschäft funktionierte einigermaßen. Und jetzt, wo die Krise da ist und die Raten immer schwerer zurückzuzahlen sind, wo die Fassaden des kleinen Glücks zu bröckeln beginnen, ist der politische Kopf der Arbeiter leer. Der Kopf der Gewerkschaften, vor allem der Spitzenfunktionäre, ist inzwischen ganz und gar ein unternehmerischer geworden. Sie beteiligen sich an der Verschleierung der wirklichen Zustände, sie unterschreiben die Massenentlassungen von Arbeitern oder führen nur Scheingefechte dagegen. Sie werden ja auch den Managern optisch immer ähnlicher. Die Gewerkschaft hält diesen Widerspruch, daß sie auf der einen Seite die Arbeiter vertritt, andererseits nichts oder fast nichts dagegen unternimmt, daß diese Arbeiter jetzt getreten werden, noch aus. Die kleinen Gewerkschafter und die kleinen Betriebsräte zerbrechen an diesem Widerspruch. Sie stehen mit leeren Händen vor ihren verzweifelten Kollegen und sind selbst verzweifelt.

Sie erzählen in Ihrem Stück die Geschichte eines jungen Ehepaares, sie verliert ihren Arbeitsplatz, er verliert seinen Arbeitsplatz. In seiner Verzweiflung geht er in die Bundeshauptstadt zum Minister und bittet ihn um Arbeit. Der Minister sagt ihm eine Arbeit zu. Hier wird ein Arbeitsplatz nicht durch gewerkschaftlichen Kampf erobert, sondern durch Bekanntschaft, durch Opportunismus. Ist das der Weg?

Das ist der österreichische Weg. Bevor ich über dieses Thema rede, möchte ich etwas Grundsätzliches sagen. Was bedeutet der Verlust eines Arbeitsplatzes in einer Gesellschaft, welche die Arbeit als wichtigsten Ausdruck menschlichen Seins betrachtet. Ein Mensch, der nicht arbeitet, ist kein Mensch. Was bedeutet diese Ideologie, die nicht nur eine verordnete ist, sondern eine persönlich empfundene in einer Gesellschaft, die immer weniger Menschen Arbeit geben kann. Es ist denkbar, daß in 10 oder 20 Jahren ein paar Dutzend Leute ein ganzes Stahlwerk betreiben können. Arbeit wird durch Technik rationalisiert, und Menschen bleiben übrig. Dies ist das große Problem unserer Gesellschaft, aber es wird nicht als solches behandelt. Das Problem wird privatisiert. Jene, die ihre Arbeit verlieren, haben eben Pech, und sie empfinden es bis zu einem gewissen Grad auch selbst so. Die ökonomischen und seelischen Schwierigkeiten der Arbeitslosigkeit sind ihre Privatsache. Jener Teil, der Arbeit hat, setzt sich von denen, die keine mehr haben, ab. Nach dem Prinzip »Rette sich, wer kann« bleibt eben ein Drittel oder ein Viertel übrig. Das ist die brutale, wenn auch überschminkte Grundhaltung in einer Gesellschaft, in der die Sozialdemokratie gerade ihr hundertjähriges Bestehen feiert. Die ungelösten

Probleme einer Gesellschaft werden den Schwächsten aufgebürdet. Und nun zum österreichischen Weg. Wenn man den vielen, die betroffen sind, nicht helfen kann und will, dann hilft man eben Einzelfällen. Da keine gesellschaftliche Lösung versucht wird, sucht man eine private. Man sucht die Nähe eines Betriebsrates, der einem vielleicht helfen könnte, die Nähe eines Journalisten, die Nähe eines Politikers. Man baut ein ganzes Beziehungssystem auf, um es sich irgendwie zu richten.

Die Mächtigen helfen in Einzelfällen. Sie verschaffen sich ein Alibi, sie schaffen sich ihre Individualjuden, denen sie helfen. Dieses System beherrscht das ganze Land. Es ist eine Bankrotterklärung des Politischen schlechthin. Vielleicht ist Politik in der Form, wie wir sie heute wahrnehmen, tatsächlich am Ende. Vielleicht sind Politiker, die uns heute als Problemlöser von Krisen angeboten werden, in Wahrheit keine Agierenden mehr, sondern nur noch Reagierende? Vielleicht ist ihre Politik nur noch die Aufführung dessen, was die Presse von ihnen erwartet? So gesehen ist mein Stück auch der Versuch, das Instrumentarium der Politik von heute in Frage zu stellen. Vermutlich ist das, was wir allabendlich als Politik vorgeführt bekommen, der letzte Akt einer politischen Farce. Die Politiker sprechen keine Sprache mehr, sie werden von ihr gesprochen. Sie führen ihren Text recht und schlecht vor.

In Ihrem Stück gibt es zwei Familien: eine Arbeitsfamilie, das ist die Gruppe am Hochofen, und die Kleinfamilie, das ist der Hochofenarbeiter Hans und seine Frau Anna. In der Arbeitsfamilie nennt der alte Schmelzer seine Arbeiter Söhne, in der Kleinfamilie herrscht Stillschweigen. Hans sitzt vor dem Fernsehapparat und schaut sich Pornofilme an, Anna träumt von einem Kind. Sind das nicht Klischees?

Sie haben mich vorhin gefragt, warum die betroffenen Arbeiter sich so wenig wehren, warum keine solidarischen Aktionen gesetzt werden. Es gibt keine solidarische Arbeiterbewegung mehr, es gibt Gruppen und Grüppchen, die Trennungslinie verläuft zwischen jenen, die noch eine Arbeit haben und jenen, die keine mehr haben. Sie verläuft zwischen Angestellten und Arbeitern, ja selbst im Stahlwerk grenzen sich die Hochofenarbeiter von jenen im Walzwerk ab. Die Arbeiterbewegung hat ihren ideologischen Atem, ihr solidarisches Selbstverständnis verloren, geblieben sind Arbeitsfamilien, wie oben genannt, das hat auch etwas Positives. Diese kleinen Gruppen sind überschaubar, sie geben ihren Mitgliedern Halt, die Kollegen kennen sich über Jahre, sie haben ihre eigenen Witze, ihre eigenen Rituale, sie helfen einander. Wenn einer dieser Arbeiter entlassen wird, verliert er nicht nur seinen Arbeitsplatz, er verliert auch eine Zugehörigkeit, er verliert Freundschaften, er verliert einen sehr wichtigen Teil seines Lebens. Was Hans und Anna betrifft, so glaube ich nicht, Klischees zu zeigen. Solange Hans Arbeit hat, ist er mit der Welt, in der er lebt, einverstanden. Ich habe von der Privatisierung der Krise gesprochen. Hans kann seine Entlassung nicht begreifen, er kann keine Antwort auf das Vorgefallene finden, er verfällt in Schweigen. Er versteht nicht, warum er, der doch durch Leistung etwas sein wollte, plötzlich zu den Minderleistern gezählt wird. Und er schämt sich vor Anna, weil er auch ihr das kleine Glück bieten wollte, weil er mit ihr den Traum vom ausbezahlten Häuschen, vom Urlaub leben wollte. Jetzt ist er nicht mehr imstande, den Traum einzulösen, jetzt fühlt er sich schuldig.

Sie sprechen immer wieder vom kleinen Glück. Lohnt es sich wirklich, für dieses kleine Glück zu kämpfen?

Es ist nicht das, was mir erstrebenswert erscheint, aber ich maße mir kein Urteil über die Lebensvorstellungen dieser Menschen an. Es ist das, was die Arbeiterklasse in den 60er Jahren und 70er Jahren erreicht hat.

Die Dramatik meines Stücks, die verzweifelten Handlungen meiner Figuren werden bestimmt von der Tatsache, daß sie nicht verstehen können und wollen, warum es das Wenige, das sie vom Leben fordern, für sie nun nicht mehr gibt.

Sie flüchten sich in ihre Träume ...

... in industrialisierte und kommerzialisierte Träume, in Lottospiele und Videofilme. Wenn die eigene Situation, die eigene Verzweiflung, die eigenen Gefühle unaussprechbar sind, von niemandem angesprochen werden, von keiner Gewerkschaft öffentlich gemacht werden, von keinem Medium dargestellt werden, dann verliert man den Mut, auf sich selbst zu bestehen. »Entweder spinne ich, oder spinnen die anderen«, hat mir ein Arbeiter einmal gesagt. Ich kann es verstehen, aber nicht akzeptieren, daß die Flucht oft der einzig mögliche Ausweg ist.

In Ihrem Stück mischen sich Realität und Flucht aus der Realität.

Sie prallen aufeinander. Der Quizmaster steigt aus dem Fernsehapparat und spielt mit Hans und Anna »6 aus 45«, 45 brauchen eine Arbeit, aber nur 6 können eine bekommen. Die Videos, die Quizspiele fressen das Bewußtsein der Menschen auf und damit ihre Kraft zum Widerstand.

Und die Flucht in den Alkohol.

Die ist ja nicht auf Arbeiter beschränkt, die ganze Gesellschaft schwimmt im Suff. Wenn das Politische verfällt, wenn der Versuch, auch und besonders in Krisenzeiten, für eine gerechtere Gesellschaft einzutreten, gar nicht mehr unternommen wird, dann bleibt nur noch die Flucht ins Private. Mein Stück zeigt die Fluchtversuche von Arbeitern. Aber wer sagt eigentlich, daß nur Arbeiter Pornofilme anschauen? Alle sind auf der Flucht, sie haben nur unterschiedliche Möglichkeiten.

(1988)

Die Minderleister II

Was an den »Minderleistern« zunächst auffällt, ist ihre Sprache, die Abkehr vom Realismus, die Überhöhung.

Ich denke mir, daß dieses Stück sehr wohl ein realistisches ist. Wir – und damit meine ich die Schriftstellergeneration, welche Ende der 60er Jahre mit manchmal sehr rüden Dialektstücken angetreten ist – haben den Realismus in Wirklichkeit noch gar nicht hinlänglich ausprobiert, wir haben den Begriff zu eng gefaßt, wir haben ihn zu sehr mit dem Dialekt verbunden. Als ich mit dem Schreiben dieses Stückes begann, war mein Kopf voll mit Geschichten, mit Erzählungen von Arbeitern aus den Krisengebieten, und natürlich war deren Sprache der Dialekt. Die ersten Szenen des Stücks habe ich im Dialekt geschrieben, aber ich habe sehr schnell gespürt, wie ich mich in der eigenen literarischen Methode fange und welche Grenzen ich mir da selbst auferlege: Die großen Gefühle, das reiche Innenleben der Figuren geriet mir im Dialekt zu klein, also gab ich ihnen die Hochsprache und verdichtete bis hin zum Vers. Dadurch war es mir möglich, viele Erfindungen um das Vorgefundene zu machen, ich konnte eine ganze Figur, den William Shakespeare, erfinden, ich konnte Menschen sagen lassen, was in ihnen ist. Ich wollte, um das noch einmal zu sagen, den sogenannten kleinen Leuten große Aufmerksamkeit verschaffen, indem ich ihnen eine große Form gebe. Ich wollte ihnen den Rang von klassischen Figuren verleihen, um ihnen zumindest auf der Bühne jene Wichtigkeit zu geben, die ihnen nach meiner Überzeugung zusteht. In einer Welt, in der ihnen Sprache genommen wird, in der politische Funktionäre angeblich für sie sprechen, ihre innere und äußere Wirklichkeit aber ausklammern, ist der Versuch, ihnen die größtmögliche Sprache wiederzugeben, auch ein Versuch ihrer politischen Rettung. Ob das am Theater aufgeht, ob hier ein neuer, irritierender Blick und nicht nur eine Merkwürdigkeit entsteht, das ist das Experiment des Stücks.

Das heißt, Ausgangspunkt ist ein neuer gesellschaftlicher Inhalt, der mit den alten sprachlichen Mitteln nicht mehr zu bewältigen ist. Wie ist denn nun diese neue soziale Wirklichkeit beschaffen, die eine neue Sprache erfordert?

Es gehört zum Wesen dieser Wirklichkeit, daß sie eine verschwiegene ist. Über die ständig wechselnden Sanierungsprogramme herrscht Geschrei, über das Los der Betroffenen herrscht Stille.

Ich möchte einmal den Spieß umdrehen: Wenn ständig davon die Rede ist, daß die Verstaatlichte Industrie dringend einen Modernisierungsschub braucht, dann soll doch einmal bedacht werden, was solche Sätze für die Existenz der Betroffenen bedeuten. Stellen Sie sich vor, die VOEST-Arbeiter würden einen dringenden Intelligenzschub für österreichische Journalisten fordern, das müßte ja zur Entlassung jedes zweiten Journalisten führen. Oder sie fordern einen dringend notwendigen emotionalen Schub für österreichische Politiker! Man müßte alle Politiker entlassen. Das sind natürlich absurde Forderungen, aber die Tatsache, daß ständig auf Kosten von Industriearbeitern die Staatssanierung gefordert wird, erscheint jedem akzeptabel.

Ich weiß, die Katastrophe ist noch nicht da, sie ist erst in Vorbereitung. In Großbritannien sind die entlassenen Industriearbeiter kein Thema der Politik, kein Thema von Sozialprogrammen mehr, für sie ist inzwischen die Polizei zuständig, d. h. sie wurden schlicht und einfach kriminalisiert. So weit sind wir noch nicht, wir bereiten das alles erst vor.

Es gehört offensichtlich zum Charakteristikum dieser verschwiegenen Wirklichkeit, daß auch ihre Auswirkungen verschwiegen werden. In den letzten anderthalb Jahrzehnten wurde der freie Zugang zur höheren Schulbildung wesentlich erleichtert. Gibt es eine Chance, diese Schulbildung in eigene kulturelle Ansprüche umzusetzen?

Eine Antwort auf diese interessante Frage ist mir erst möglich, seit ich wochenlang in kleinen und mittleren Städten Lesungen gemacht habe, Lesungen auch aus diesem neuen

Stück, auch vor Betroffenen. Die Kinder von Arbeitern sind jetzt die Ingenieure in Donawitz, oder sie haben in Wien Medizin studiert oder in Salzburg Geschichte. Nun könnte man doch hoffen, diese Menschen werden den Bildungsvorsprung, den sie durch ein liberalisiertes Schulsystem erreichen konnten, nützen, sie werden aufschreien und kämpfen, denn sie haben sich auszudrücken gelernt, sie können analysieren und erklären, was da vor sich geht. Aber das Gegenteil ist der Fall: Sie sind Betriebsräte und Personalchefs geworden, sie sitzen in den Verwaltungsapparaten der Betriebe und der Interessensverbände, sie sind aufgestiegen. Die Jungen haben inzwischen den Diplomkaufmannsblick ihrer Dienstgeber übernommen, sie mußten für ihren Aufstieg ihre Geschichte hergeben, ihr Elternhaus verleugnen, ihr Herkommen aus dem kleinen engen proletarischen Mief vergessen. Sie drängen sich zu den Cocktail-Parties der Chefs und nicht zurück zur Kohlsuppe der Eltern, die inzwischen eine etwas bessere Nudelsuppe geworden ist. Mit dem Aufstieg haben sie den großen Überblick gewonnen, und der führt ja bekanntlich über die eigenen Verhältnisse hinaus.

Ich möchte auf einen speziellen Aspekt des Stückes kommen, auf etwas, was Sie sicherlich nicht zufällig derart zentral eingeführt haben, nämlich das Video. Video einerseits als neue Technologie der Überwachung in der Fabrik, in der Kantine, überall, und Video gleichzeitig als Kulturinstrument, als wesentlicher Träger von Freizeitgestaltung. Spielt Video in dieser Gesellschaft eine so große Rolle, und bedeutet die Zuspitzung von Video auf Pornographie und Horror, die in Ihrem Stück erkennbar wird, daß sozusagen die Ablenkungsmanöver gröber werden müssen?

Das Ausmaß des Konsums von Video, vor allem von Porno- und Horrorfilmen, ist unfaßbar. Die Droge der 60er Jahre bis Mitte der 70er Jahre war das Fernsehprogramm bis zur Bundeshymne, davor war es der Groschenroman. Das Fernsehen wurde abgelöst vom Video, zunächst mit seichten Unterhaltungsfilmen, und dann fast nur mehr ausschließlich mit Horror- und Pornofilmen. Bei normalen abendlichen Unterhaltungen und Gesprächen mit Arbeitern und Arbeiterfrauen ist es mir passiert, daß daneben, wenn die Kinder dabei waren, ein Pornofilm gelaufen ist. Also das Ächzen und Stöhnen als Untermalung eines Gesprächs über die wirtschaftliche und private Situation von Arbeitern. Die Schreie eines Horrorfilms als schon selbstverständlich gewordene Geräuschkulisse, nicht nur am Abend, auch am Vormittag. Ich will Menschen, die solches konsumieren, nicht als verroht hinstellen, aber ich frage mich, wie groß die innere und äußere Bedrohung ist, daß sie diese mit solchen Filmen bannen müssen. Die Geschäfte der Wirte, der Lebensmittelhändler gehen schlecht in diesen Krisengebieten, aber ein Geschäft blüht, das der Videohändler. Da ist eine ganze Industrie entstanden, welche die kritischen Beobachter der Gesellschaft noch gar nicht wahrgenommen haben oder vielleicht nicht wahrnehmen wollen, weil ihnen das zu degoutant erscheint. Mein Stück kippt immer wieder in die groteske Ästhetik eines Horror- oder Pornofilms, um aufzuzeigen, welchen inneren und äußeren Raum diese Videos im Leben der Menschen schon einnehmen.

(1988)

Kunst und Kultur

In diesem Land wird ständig Kunst mit Kultur verwechselt. Österreich ist ein Kulturstaat. Er gibt Millionen, ja Milliarden für die ständige Reproduktion von einstmals Geschriebenem, einstmals Komponiertem aus. Dieses Land wird beherrscht von Reproduktion. Alles, was in der Reproduktionssphäre passiert, ist von unglaublichem öffentlichen Interesse: Jeder Kulturmensch in diesem Lande, und sei er auch der größte

Kunstschnösel, weiß Bescheid, welchem Dirigenten gerade welcher Rückenmuskel weh tut, welcher Intendant gerade welche Krise hinter sich hat, welche Schauspielerin gerade mit welchem Regisseur ein Verhältnis hat und so weiter, aber wer weiß eigentlich, welcher Dichter gerade an welchem Buche schreibt, welcher Maler an welchem Bild malt, welcher Komponist gerade an welcher Oper schreibt? Die Kultur, die Reproduktion, der Kulturbetrieb beherrscht alles, die Kunst, vor allem die Gegenwartskunst, die ja erst die Voraussetzung von gegenwärtiger und zukünftiger Kultur schafft, ist weitgehend unbekannt. Würden nicht die Politiker aller Parteien in der Sache Hrdlicka ihr Maul aufgerissen haben, wer wüßte schon, daß es sich bei diesem Denkmal um ein Antifaschismus-Denkmal handelt? Oder wissen Sie, an welchem anderen Denkmal Hrdlicka in den letzten zwei Jahren ebenfalls gearbeitet hat? Wußten Sie, daß ganze 4 Prozent des österreichischen Kulturbudgets für Gegenwartskunst und 96 Prozent für Reproduktion ausgegeben werden? Ich treibe diese Überlegung auf die Spitze und sage: Gerade weil wir soviel Kultur haben, brauchen wir überhaupt keine Kunst. Letztendlich stört die Kunst nur den Kulturbetrieb.

(1988)

Sehr geschätzter Prof. Hans Mayer!

Sie sind gerade in einem Land, in einer Stadt, in welcher die Literaturbeurteiler den Gegenstand Ihrer Beurteilung, die Literatur, im großen und ganzen hassen. Das ist eine erstaunliche Tatsache, denn ein Mensch, welcher Holz und Leim nicht mag, wird in der Regel kein Tischler. Ich könnte Ihnen einige Theorien zur Erklärung dieser österreichischen Merkwürdigkeit anbieten, aber Herr Beil hat mir gesagt, ich soll nicht länger als drei Minuten reden, und deshalb erkläre ich gar nichts, sondern stelle es einfach fest. Ein österreichischer Stückebeurteiler schreibt seit Jahren in der Frankfurter Rundschau über Gegenwartsstücke und vernichtet sie alle, außer einem. Die österreichischen Literaturbeurteiler, welche alles niedermachen, haben immer einen Liebling, dem sie alles nachsehen. Das ist wie bei den Lustmördern, die haben auch immer eine Tante, die sie besonders mögen.

Dem Haß der österreichischen Literaturbeurteiler kann man auf drei Arten entkommen. Die erste Art, die beispielsweise Thomas Bernhard gewählt hat, ist der Tod. Vor seinem Tode war er für einen österreichischen Literaturbeurteiler »ein Wiederholungstäter, der uns mit jedem Stück mehr und mehr anödet«, und nach seinem Tode war er für den nämlichen Beurteiler »ein Originalgenie, ein Solitär, einmalig in der österreichischen Literatur«.

Die zweite Möglichkeit wäre, so zu schreiben, wie sich ein österreichischer Literaturbeurteiler die Literatur schon immer vorgestellt hat, nämlich völlig unverständlich oder ganz leicht faßlich. Generell kann man ja sagen: Je journalistischer ein Schriftsteller denkt oder schreibt, desto wohlgefälliger wird er den Literaturbeurteilern. Er beginnt ihnen zu ähneln, und das entspannt sie.

Die dritte Möglichkeit besteht darin, überhaupt nichts mehr zu schreiben. Der nichtdichtende Dichter ist in Österreich der beliebteste. Er lebt von Subventionen, die ihm ein Beirat zuspricht, in welchem lauter österreichische Literaturbeurteiler sitzen. Seine einzige Verpflichtung besteht darin, jenes Projekt, für welches er das Geld bekommen hat, unter keinen Umständen zu realisieren.

Geschätzter Hans Mayer! Ich erzähle Ihnen diese Dinge, damit Sie besser verstehen, warum wir uns so über Sie freuen. In all Ihren Urteilen über Literatur, selbst in den kritischsten, können Sie Ihre Liebe zur Literatur und nicht selten zu den

Menschen, welche diese Literatur hervorgebracht haben, den Dichtern, nicht verleugnen. Sie sind ein Liebender. Und diese kleine Rede ist ein Versuch, Sie ein wenig zurückzulieben.

(1992)

Helmut Qualtinger

Sehr geehrte Zuschauer!
Helmut Qualtinger ist am 29. 9. 1986 gestorben. Er liegt, begleitet vom skurrilen Brimborium eines offiziellen Begräbnisses und zugedeckt von gezählten 163 Nachrufen, in einem Ehrengrab der Gemeinde Wien. In der ersten Zeit nach seinem Tode hatte ich ständig das Gefühl, das Ganze sei eine von ihm inszenierte Real-Satire gewesen. Und ich hoffte und wünschte mir, ich würde ihn alsbald – diabolisch grinsend – in einem Wiener Lokal wiedersehen. Inzwischen habe ich diese Hoffnung aufgegeben.

Helmut Qualtinger wurde von jener österreichischen Liebe umarmt, welche Zuneigung vorgibt und Erstickung will. Eine ganze Nation verlieh im ungefragt die kumpelhafte Bezeichnung »Quasi«, weil sie nicht hören wollte, was er sagte, sondern nur »wie« er es sagte. Sie liebten seine Erscheinung, umarmten sie, um dem erschreckenden Inhalt seiner Sätze zu entkommen. Wenn ich mit ihm herumzog und ihn diese ungebetene Liebe buchstäblich umfing und er nicht aufhörte, zu saufen und sich selbst zu zerstören, hatte ich das Gefühl, er wollte das Objekt dieser Umarmung, seine Erscheinung, seinen Körper vernichten, um ihr endlich zu entgehen. Helmut Qualtinger ist seit mehr als neun Jahren tot. Wenn wir den Schriftsteller Qualtinger wirklich leben lassen wollen, dann müssen wir endlich auf- und annehmen, wovon dieser Schriftsteller eigentlich redet. Vom ganzen Ausmaß der menschlichen Schweinerei, die unter uns lebt und in uns lebt. Ich wünsche Ihnen einen interessanten Abend mit einem großen österreichischen Schriftsteller.

(1995)

Ich wünsche mir ein Theater der fortgesetzten Geschmacklosigkeit

Werte Zuhörer! Liebe Freunde!
Die Eröffnung eines neuen Theaters ist ein Grund zur allgemeinen Freude. Es freuen sich die Geldgeber, weil es etwas Neues zu eröffnen gibt, es freuen sich die Schauspieler, die auf dieser Bühne spielen werden, es freuen sich – so hoffe ich zumindest – nicht wenige Linzer, daß aus dem Haus kein Supermarkt, sondern doch noch ein Theater geworden ist, es freuen sich die Theaterkritiker, daß sie wieder etwas zu belobigen oder zu vernichten haben, und ich freue mich, daß es die Spielstätter mit großer Schufterei und großen Schulden doch noch geschafft haben, dieses Theater fertigzustellen. Heute abend sind wir alle Erfreute.

Ich möchte Ihnen aber auch sagen, was – über den Tag der Eröffnung hinaus – meine fortgesetzte Freude ausmachen würde: Dieses Theater möge ein Ort der Störung und der Zerstörung werden. Ich wünsche mir diese Störung – und an Geburtstagen kann man sich ja was wünschen – für alle Beteiligten. Für die Geldgeber, für das Publikum und für uns Theatermacher.

Ein solches Theater wäre natürlich ein einziger Widerspruch. Es beißt die öffentliche Hand, die es füttert. Es wünscht sich volle Häuser und stört die Besucher in ihrem Bedürfnis nach dem Schon-Gesehenen, dem Schon-Gehörten. Es kennt den Hang der Theaterleute zu Vorsicht und Feigheit und begegnet diesen Eigenschaften mit Selbststörung. Es kämpft gegen alles Abgelebte in und um uns und führt – in seinen herrlichsten Momenten – vor, wie es als Sieger aus diesem Kampfe hervorgeht. Welch eine wundervolle Anmaßung: das Theater als Ort der Zerstörung und der Wiedergeburt.

Diese Anmaßung braucht keinen öffentlichen Auftrag und kennt keine Grenzen. Die Störung von gestern ist der gute Geschmack von heute. Ich wünsche mir ein Theater der fortgesetzten Geschmacklosigkeit.

»Mein« Theater hat – so wie ich die Dinge heute sehe – zwei Feinde. Die Vorsicht zu vieler Theaterleute und den sogenannten kritischen Journalismus. Der letztere kritisiert die Welt mit solcher Geschwindigkeit und Oberflächlichkeit, daß nichts mehr im Kopf und nur noch Dumpfes im Gemüt hängen bleibt. Er ist das Fast-Food der kritischen Weltsicht. Wer am Montag zwei kritische Journale liest, glaubt, er habe die Welt begriffen, und weiß doch am Dienstag nicht mehr, was er eigentlich durchschaut hat. In Wahrheit gleicht der kritische Journalismus jener Politik, die er vorgibt zu kritisieren: Auch sie erschöpft sich in immer schneller wechselnden Ankündigungen.

Ein Theater, das ich mir wünsche, verzögert die Geschwindigkeit der Welt, ist ein Ort der Geduld, des genauen Blicks. Wenn wir gut sind, d. h. wenn wir wahrhaftig und nicht vorsichtig sind, und Sie Geduld haben, dann ist in diesem Raum das Ereignis von Zerstörung und Wiedergeburt möglich, oder um es weniger dramatisch zu sagen: Es ist denkbar, daß Ihr bisheriges Denken gestört wird und Sie etwas Neues denken können.

Dramatiker sind, so weit ich sie kenne und soweit ich mich kenne, ungerechte, bodenlose und unbehauste Menschen. Sie rennen herum, schauen die Menschen an und entwerfen breite

Bilder von ihnen: sehr gräßliche und manchmal sehr zärtliche. Sie sind unsteten Aufenthalts und leben – sofern man sie leben läßt – in Räumen wie diesen. Ich danke den Spielstättern für diesen Raum, für diese Behausung, für dieses befristete Zuhause und Ihnen danke ich fürs Zuhören.

(1989)

Provokation

Theater, wie Sie es verstehen, soll Provokation sein, Provokation mit den verschiedensten Mitteln, bis hin zur Pornographie. In Ihrem letzten Theaterstück »Die Minderleister« stellen Sie diese Pornographie expressis verbis auf die Bühne. Was ist Ihnen an diesem Schockierenwollen so wichtig?

Ja, aber die Welt ist schockierend. Die Verhältnisse, in denen wir leben, sind ja schockierend. Wenn die Kunst als letzte Domäne der Freiheit darauf nicht reagiert, worauf denn sollte sie reagieren? Zeitungen haben Besitzer, haben also Rücksicht auf bestimmte Interessensgruppen zu nehmen. Politische Parteien haben Rücksicht zu nehmen, Medien, besonders elektronische Medien, haben politische und ökonomische Abhängigkeiten und Rücksicht zu nehmen. Würde die Literatur auch noch Rücksicht auf sich selbst nehmen und das zu Sagende nicht mehr sagen, es wäre ihre Selbstvernichtung. Ich verstehe nicht, ich habe eigentlich nie verstanden, warum man sich so darüber erstaunt, daß Literatur auch etwas Schockierendes ist, auch etwas Provozierendes ist. Ja was denn sonst, wenn nicht die Literatur, kann ich nur sagen. Also von den Werbeagenturen ist es nicht zu erwarten, von den politischen Parteien ist es auch nicht zu erwarten, von Bienenzüchtervereinen ist es auch nicht zu erwarten, von der Österreichischen Bundesbahn auch nicht, also ich bin oft ganz erstaunt darüber, daß es ein Erstaunen darüber gibt, daß sich die Literatur die Freiheit der Provokation nimmt. Was sollte sie sich sonst nehmen, da sie schon die Freiheit hat. Sie ist ja die letzte Domäne, und es macht sie ja auch so brisant, daß sie diese Freiheit nützt. Ich kann nur noch einmal sagen, mich langweilt jene Literatur am meisten, die diese Freiheit nicht ausnützt, weil sie sozusagen in einer hehren Vorstellung von sich selbst einherstelzt. Literatur soll sich die Freiheit bis zur Geschmacklosigkeit nehmen. Denn auch das wird ihr ja immer von der bürgerlichen Gesellschaft vorgehalten, sie soll in ihrem Zorn und ihrer Anklage wenigstens geschmackvoll sein. Also sollen wir vielleicht auch noch jenen auf den Leim gehen, die uns vorschreiben wollen, wie wir zu dichten hätten? Im Gegenteil, Literatur ist immer, wenn sie sich ernst genommen hat, geschmacklos in gewissem Sinn gewesen, weil sie den bestehenden Geschmack einer Zeit in Frage gestellt hat. Das ist ihre Würde, das ist ihr Sinn; eine Literatur, die sich an das hält, was die Gesellschaft von ihr will, sozusagen brav und gut erzogen ist, ist schon dem Untergang geweiht, die ist verzierend, die ist lächerlich, die ist öde.

(1989)

Schrecken und Optimismus

Die Bühne ist für mich ein Ort, das Schreckliche noch schrecklicher zu zeigen, um abzuschrecken. Ich möchte einfach die Bühne, und das hat ja die Bühnenliteratur eigentlich ihre ganze Geschichte hindurch gemacht, dazu benützen, gemeinsam zwischen mir und dem Publikum auszumalen, *was passieren könnte, wenn.* Es ist ein Versuch, uns vor dem Schrecklichsten zu bewahren, indem ich das besonders Schreckliche zeige. Es ist keine Übereinstimmung mit dem Schrecklichen, es ist kein Fatalismus, es ist keine Zustimmung, es ist kein Abfinden damit, sondern es ist ein Herzeigen zur Vermeidung. Wenn der Hans in den »Minderleistern« also zum Schluß in den Hochofen springt, wenn er also diesen schrecklichsten aller Wege eines deklassierten Menschen geht, so ist das gleichzeitig der Versuch, auf dieses Problem so radikal hinzuweisen, daß sein schrecklicher Ausgang vermieden wird. Ich brauche ein großes Maß an Optimismus, um daran zu glauben, daß Kunst diese Schrecknisse, die in meinen Schlüssen immer wieder vorkommen, vermeiden kann. Die Voraussetzung dafür, daß es dann in der Wirklichkeit anders ausgehen möge, ist ein grundsätzlicher, zweckgebundener Optimismus. Ich denke mir, wenn wir in dieser Welt etwas bewegen wollen, wenn wir Dinge ändern wollen, wenn es nicht so schlimm kommen soll für die einen oder die anderen, dann muß man eben das Schlimmste zeigen, damit das Schlimmste nicht passiert.

(1989)

Sprachlosigkeit

Mich ödet es einfach an, wenn ich an Theater komme und man sagt, die Arbeiterklasse ist spracharm und die kleinen Leute sind es ebenso. Da hat der Kroetz den Theaterleuten und dem Feuilleton etwas beigebracht, und auf dieser Erkenntnis ruhen sie sich seit 10 Jahren aus. Arbeiter sind sprachlos und dabei bleibt's! Das zeigt doch nur, wie wenig wir voneinander wissen. Die Sprachlosigkeit oder besser gesagt, die Sprachverstümmelung gibt es unter Gewerkschaftsfunktionären, unter Unternehmern, unter Politikern, unter Journalisten genauso; sie bilden Sprachinseln, sprechen territoriale Sprachen, verschanzen sich hinter ihren Begriffen. Sprachlosigkeit ist also kein exklusives Merkmal der Arbeiter, alle stottern, manche stottern eben akademisch gebildet.

(1989)

Die verlorenen Gesichter des Kurt Welther

Was ist das für ein Maler, der seine Bilder »Sepp Wildschwendter ist 80!« oder »Zweiter Preis im Clematis-Züchter-Wettbewerb« nennt? Kurt Welther ist ein Maler der Provinz, und man muß über die Provinz reden, wenn man über ihn etwas sagen will.

Die Selbstdarstellung der Provinz ist der Verein. Die Nöte des Daseins, die Familientragödien und die Kreditschulden, die Abhängigkeiten und Ängste sind öffentlich nicht herzeigbar, herzeigbar ist die Fassade, die geglättete Oberfläche, der funktionierende Verein, nicht das eigene Leben, sondern das Vereinsleben. Diese Vereine dienen einem einzigen Zweck: Sie zeigen her, was man nicht ist, was man aber sein möchte, ein von Widersprüchen gereinigter Mensch.

Wenn sich diese Vereine dennoch einen Zweck geben, so ist das nur eine Täuschung. Dem Bildungsverein geht es nicht um Bildung, dem Verschönerungsverein nicht um Schönheit, und selbst für die Freiwillige Feuerwehr ist das Löschen von Bränden das Nebensächlichste. Es geht um das öffentliche Herzeigen, um das Ausrücken, um das Aufmarschieren, um das Defilieren und das Gratulieren.

Aus der Sicht der Metropole sind diese Vereinsmitglieder und Vereinsleiter, die Kassenwarte und die Kassendirektoren gleichermaßen Deklassierte. Ihre Wichtigkeit endet an der

Dorf- oder Kleinstadtgrenze, also muß sie innerhalb der Grenzen um so nachhaltiger erkämpft und behauptet werden. Jede Veränderung, jeder Aufstieg, jede Auszeichnung, jeder Händedruck wird in Provinzzeitungen veröffentlicht, wenn möglich mit Bild und Bildunterschrift. Keine Geburt, keine Hochzeit, kein Tod hat stattgefunden, wenn er nicht als Vereinsnachricht bekanntgegeben werden kann.

Es gibt kein Leben außerhalb der Vereine, und wenn es sich dennoch regt, als Kritik, als Alternative, als Auffälligkeit, fällt es im besten Falle der üblen Nachrede und im schlimmsten Falle der sozialen Vernichtung anheim.

Die Vereinsmitglieder zerstören das Andersartige um sich, aber sie zerstören es auch in sich. Ihr angestrengtes Bemühen, nichts von dem aufkommen zu lassen, was nicht herzeigbar ist, strapaziert ihre Gesichtsmienen bis zur Entstellung, bis zur Gesichtslosigkeit. Ein Maler wie Kurt Welther, der solches Provinzleben und Nichtleben sieht und malt, erzählt uns mehr über die Menschen als einer, der die ganze Wahrheit zum Thema hat.

Ich hoffe, Sie blicken jetzt nicht mit Hochmut auf die Provinz. Die Provinz gibt es im Dorf, in der Kleinstadt, und es gibt sie in der Großstadt. In der Metropole hat sie nur eine größere Form: Aus dem Verein wird der Kongreß, aus der Stammtischrunde die Stadtgesprächsrunde, aus dem Further Bläserquartett die niederösterreichische Landesregierung.

Provinz, das ist ein Zustand, das ist die Auflösung des Menschen und seiner Widersprüche im Verein, in der Runde, in der Norm. Provinz, das ist der nachhaltige Wille zur Mitmacherei, der intensive Drang zur Übereinstimmung, die Erlösung in der Auflösung. Wer zur Provinz gehört, lebt nicht gut, aber er lebt mit der dauerhaften Beruhigung, daß er normal ist und auch dafür gehalten wird. Provinz ereignet sich – und jetzt folge ich einigen Bildtiteln von Kurt Welther –, wenn Hippach seine Veteranen ehrt, Michael Heltau einen heiter-besinnlichen Abend gibt und Kurt Waldheim die Kochnationalmannschaft verabschiedet.

Auf Grund solcher Bildtitel könnte man Kurt Welther für einen Zyniker halten. Ich tue das nicht. Der Zyniker schiebt zwischen sich und den Gegenstand seiner Betrachtung das Abwertende, das Verletzende. Kurt Welther wendet sich nicht von diesen Menschen ab, er blickt ihnen ins Gesicht. Er nimmt sie, mehr als sie es selbst tun, wahr. Er malt, mit Ironie und Trauer über das Wahrgenommene, den Verlust ihrer Antlitze.

Auf den Bildern Kurt Welthers gratulieren immer wieder irgendwelche Vereinsvorsteher alten Menschen zum Geburtstag. Von jenen, die geehrt werden sollen, ist kaum etwas zu sehen. Aber seltsam: Je mehr sich die Wichtigtuer ins Bild schieben, desto mehr fragt man sich, wer der Geehrte eigentlich ist.

Wer ist dieser Sepp Wildschwendter, dem da zum achtzigsten Geburtstag gratuliert wird? Was ist das für ein Leben? Kurt Welther ehrt diese Menschen auf seine Weise.

(1989)

Provinzliteratur

Vor einiger Zeit habe ich in England Gedichte vorgelesen. Da hat mir ein junger Schotte gesagt, das beschreibe ganz genau seine schottische Kindheit. Ich war ganz verwundert und habe gesagt, das ist meine Kärntner Kindheit. Offensichtlich ist das Lokale, das Provinzielle, das Genaue im persönlichen Sinn gleichzeitig das Transportabelste. Vielleicht ist die Literatur dort, wo sie sich als Weltentwurf abspielt, etwas ganz und gar Lächerliches. Vielleicht ist die Provinzliteratur, die Genauigkeit einer Ortsbeobachtung, und sei die Seele dieser Ort, in Wirklichkeit das Allgemeine. Wenn man die letzten Dinge klären will in der Literatur, dann wird sie meistens unerträglich, weil man die ersten noch nicht einmal geklärt hat.

(1988)

Kinder Gottes

Liebe Ringels! Geschätzte Anwesende!

Ich habe eine sehr kurze Rede vorbereitet. Ich möchte Ihnen aus dem neuen Buch von Erwin Ringel »Fürchte den anderen wie dich selbst« elf Zeilen vorlesen, bitte aber schon jetzt diejenigen unter Ihnen, welche das Buch noch nicht kennen, die restlichen 204 Seiten auch zu lesen. Sie werden es nicht bereuen.

Das Zitat aus Ringels Buch lautet: »Hingegen muß man mit einem Menschen wirklich sprechen, und wirkliches Gespräch ist Dialog. Weiters braucht der Betroffene die Möglichkeit, seine Gedanken, seine Phantasien, seine Gefühle, seine Verzweiflungen, seine Erbitterung und auch seine Empörung auszudrücken. Wenn man genau hinschaut, kann man nicht übersehen, daß sich in Kain eine enorme Erbitterung zusammenballte, wahrscheinlich ein ungeheures chaotisches Gefühl. Aber das ist die doppelte Tragödie: Mit diesem chaotischen Gefühl wird er noch dazu allein gelassen.«

Wie Sie wohl bemerkt haben, wird hier das Gespräch mit und das Verständnis für einen Mörder gefordert, für Kain, den biblischen. Dieser biblische Mörder, sagt Ringel in dem Essay, aus welchem das Zitat stammt, ist gegenwärtig, ist in uns. Kain oder das Mörderische ist nicht nur um uns, es ist ein Teil von uns. Diese Feststellung sollte in Anbetracht der laufenden Vernichtungen, die wir einander antun, eine Selbstverständlichkeit sein.

Gegen dieses Mörderische in und um uns setzt Erwin Ringel das Gespräch. Er will durch Aussprechen des Schlimmen das Schlimme sichtbar und damit erkennbar und damit auflösbar machen. Das ist die Basis seines Denkens, seines Schreibens, seines Handelns, und dafür kann man ihn nicht hoch genug schätzen.

Aber unter Freunden muß es auch Fragen geben, auch an einem solchen Tage, auch an diesem Ort. Ist es wirklich noch das Problem unserer Gesellschaft, daß die Dinge nicht ausgesprochen werden, oder ist nicht schon das Gegenteil der Fall: Ist nicht alles und jedes beredbar geworden, kaum etwas veränderbar? Ist nicht die Sprache liberalisiert worden, keineswegs aber die Verhältnisse? Kann nicht jeder Frauenschänder bei Bedarf mit ein paar schrecklichen Szenen aus seiner Kindheit dienen? Ist nicht jeder rhetorisch halbwegs begabte Waffenhändler auch ein selbstkritischer Bekenner? Fehlt es uns wirklich an Bekenntnissen über das Mörderische in und um uns oder an der Fähigkeit, es zu verändern? Zum ersteren lädt jedes Medium, jedes Seminar, jede gehobene Party ein, zu letzterem fehlt uns seit ewiger Zeit die Zeit. Die Sprache ist frei und ein Narrengeplapper geworden, sie berührt die Wirklichkeit immer weniger.

Was bringt einen Menschen wie Erwin Ringel auf die Idee, Jahr für Jahr, Abend für Abend ein Podium zu erklimmen und mit Sprache gegen die kleinen und großen Vernichtungen anzureden? Warum erhebt er unaufhörlich seine Stimme gegen das Mörderische, welches doch spätestens nach Veranstaltungsschluß wieder fortlebt?

Warum hört er, der ständig Gehörte und gleichzeitig Überhörte, nicht auf mit dem Reden und Fragen und Bohren und Sprechen? Was treibt einen Menschen, der wie kaum ein anderer sieht, was wirklich ist, immer wieder zu den Menschen?

Die Antwort, die ich auf diese Fragen finde, klingt aus meinem Munde ohne Absicht ironisch: Ich glaube, Erwin Ringel hält uns alle für Kinder Gottes. Er schafft es einfach nicht, das Zerstörerische unserer Existenz hinzunehmen, wo es doch seiner Meinung nach einen wahrhaft wunderbaren, weil göttlichen Entwurf des Menschen gibt. Er springt, oder besser gesagt, er radelt ständig über jenen Abgrund, der sich zwischen dem, was der Mensch ist, und dem, was er sein könnte, auftut. Er wird nicht müde bei seinem Versuch, das andere Ufer zu erreichen, denn er will und er muß seinem Gott nahe sein, und das heißt in diesem Falle: den Menschen. Manchmal, wenn er von einer Stadt kommt oder in eine Stadt fährt, wenn ich ihn in seinem Rollstuhl sitzen sehe, in sich versunken und doch hellwach, stelle ich mir vor, er sei ein Schauspieler im Elisabethanischen Zeitalter: einer, der alle Helden spielen könnte, den sie aber als Narren über die Lande schicken. Ich bekenne es: Manchmal erscheint mir sein rastloses Tun lächerlich, zum Lachen.

Auch das Gegenteil dieses Satzes ist wahr. Vor ein paar Jahren ist mir solches Lachen abhanden gekommen. Das Mörderische, welches bekanntlich in jedem von uns ist, hat mich in Erwin Ringels psychiatrische Klinik gebracht. Es war zu Silvester. Um Mitternacht kamen Erwin Ringel und seine Frau in den Raum, beide in festlicher Kleidung. Wir sprachen über die Gründe, die mich in dieses Zimmer gebracht hatten. Plötzlich summte er eine Melodie und lächelte wie ein Kind. Das war eine schöne Silvesternacht, eine so fröhliche Verzweiflung.

Und was lernen wir daraus: Jedes Philosophieren über Sprache und Wirklichkeit vergeht im Wind, wenn man Hilfe braucht und dankbar ist, daß es einen gibt, der helfen kann und will.

Lieber Erwin Ringel! Ich wünsche Dir und uns, daß Dein Gott, der manchmal auch der meine ist, Dich noch lange, sehr lange summen läßt. Wir brauchen Deine Melodie, weil sie uns eine Ahnung von dem gibt, was wir sein könnten und in seltensten Momenten sind. Du sollst hochleben, und Du sollst lange leben; und Deine Frau, die ich ebenso ins Herz geschlossen habe wie Dich, mit Dir.

(1991)

Dahinter tobt die Katastrophe (Alpenglühen I)

Was fasziniert Sie so am Theater?

Ich kann ohne Theater nicht leben. Das ist die dümmste und aufrichtigste Antwort, die ich Ihnen geben kann. Ich bin krank, ich kann die Wirklichkeit und die Phantasie nicht auseinanderhalten, und das Theater ist der natürlichste Ort für diese Krankheit.

Ihr Kollege Gerhard Roth hat das Theater als geschminkte Leiche bezeichnet.

Gerhard Roth, dem ich mich oft sehr nahe fühle, irrt sich in diesem Punkt gewaltig. Das Theater ist die lebendigste Kunstform, die wir haben. Im Theater können die Zuschauer etwas erleben, was für sie einigermaßen wirklich ist. Zumindest sind es wirkliche Menschen, die auftreten, echte Stimmen, die erklingen, sichtbarer Schweiß, der die Schminke zersetzt. Natürlich ist das Theater eine Fiktion, alles ist gespielt. Aber im Film? Wer glaubt denn an die Wirklichkeit des Films? Und das Fernsehen ist gänzlich unwirklich.

Ermöglicht das Fernsehen nicht eher neue Sehweisen der Wirklichkeit?

Ein Mensch, der heute abend einige Stunden vor dem Fernseher sitzt, bekommt folgendes mit: eine Gruppe von Menschen, welche singend nach Pietro Pizzi verlangt, einen schreienden kroatischen Bauern, dessen Familie gerade verreckt ist, außerdem wird das Ozonloch immer größer, und die Fischstäbchen werden immer knuspriger. Was sollte das für eine neue Sehweise der Wirklichkeit sein? Das ist die Aufhebung der Wirklichkeit, ihre Zerstörung, ihre Pulverisierung, ihre Verwandlung in das emotionale und gedankliche Nichts.

Sie haben doch selbst für das Fernsehen gearbeitet ...

Ja, vor zwanzig Jahren habe ich mit meinen Freunden dafür gekämpft, die »Alpensaga« ins Fernsehen zu bringen. Damals gab es in Österreich zwei Fernsehkanäle, von denen der zweite in tieferen Tälern nicht mehr zu empfangen war. Heute gibt es zwanzig oder mehr Kanäle und eine Fernbedienung, mit der man ständig zwischen diesen Kanälen hin und herspringen kann. Manchmal mache ich das auch, ich schaue kurz einen Film an, wechsle zu den Nachrichten, wähle den nächsten Kanal und den nächsten und den nächsten. Wie ein Verzweifelter, der etwas sucht, was er nicht finden kann. Am Ende bin ich ganz betäubt. Was soll ein Geschichtenerzähler wie ich, der die Konzentration und die Geduld des Publikums braucht, heute in diesem Medium? Das ist ja der enorme Vorteil des Theaters, da sitzen die Menschen drinnen und können nicht hinaus. Und umschalten können sie auch nicht.

Wovon handelt Ihr Stück »Alpenglühen«, das nächstes Jahr im Burgtheater aufgeführt wird?

Das Stück spielt im österreichischen Hochgebirge und ist vor allem eine Attacke gegen meine eigene Dramaturgie. Bisher war in meinen Stücken eines fix: Die Menschen werden von ihrer sozialen Herkunft bestimmt. Diesmal ist nix fix.

Turrini, Handke, Bernhard, wo sind die jungen Autoren am Theater?

Das ist eine gerechte Frage. Ich selbst verdanke meine Existenz als Theaterautor dem H. C. Artmann, der sich für mein erstes Stück eingesetzt hat. Es gibt genug junge Autoren, es gibt nur zu wenige Dramaturgen und Direktoren, die dies auch bemerken. Stellvertretend für viele junge Autoren nenne ich Norbert Silberbauer, einen Dramatiker, dessen neuestes Stück »Asyl« heißt, eine aberwitzige Theatralisierung des österreichischen Fremdenhasses. Ich bin ja dafür, daß die Theater ausschließlich Gegenwartsstücke spielen. Das Schöne an den Gegenwartsstücken ist ihre Distanzlosigkeit, noch weiß man nicht, ob das Stück gut oder schlecht ist, noch ist es in keinem theaterwissenschaftlichen Friedhof eingebuddelt, noch ist alles offen. Es ist wie mit den Liebesbeziehungen. Über solche, die man gehabt hat, kann man mit Ruhe reden, ruhig und gefühllos, aber wenn man mittendrin steckt, ist alles in Aufruhr. Vor hundertsechzig Jahren schrieb die »Vossische Zeitung«, daß ein Perverser seine Exkremente öffentlich zur Schau gestellt habe und meinte damit Schiller und sein Stück »Kabale und Liebe«. Bei einigen Tschechow-Uraufführungen begannen die Leute im Zuschauerraum zu schreien. Gegenwartstheater ist etwas Großartiges, die hundertste Tschechow-Interpretation ist etwas Entsetzliches.

A propos »theaterwissenschaftlicher Friedhof«. Vom Bürgerschreck zum etablierten Burgtheater-Autor, das muß doch ein tolles Gefühl sein, oder?

Zwischen Menschen und den Bildern, die von ihnen in der Öffentlichkeit existieren, ist bekanntlich ein großer Unterschied. Was mich betrifft, so ist es ganz einfach: Seit meinem fünfzehnten Lebensjahr schreibe ich Theaterstücke, seit meinem achtundzwanzigsten Lebensjahr werden sie aufgeführt, zuerst an kleinen Theatern, heute auch an größeren. Natürlich freue ich mich darüber, aber diese Freude hebt das, was mir im Leben schwerfällt, auch nicht auf.

Was fällt Ihnen schwer?

Das Leben fällt mir schwer, aber sonst geht es mir prächtig.

Wollen Sie mit ihren Stücken etwas Bestimmtes bewirken?

Das Theater ist eine moralische Anstalt und wird immer eine solche bleiben. Ich weiß nicht, ob die Moral, die da oben verkündet wird, jemanden interessiert. Früher hatte ich ziemlich genaue Vorstellungen vom Publikum, was es denkt, oder zumindest, was es denken sollte. Heute sitze ich in der Beleuchterloge, schaue in den Zuschauerraum und habe keine Vorstellungen davon, was diese Menschen beim Anschauen meines Stückes denken. Wahrscheinlich denkt jeder etwas anderes, und manche denken gar nichts.

Sind Sie ein Moralist?

Es gibt Tüchtige und Untüchtige, Habende und Habenichtse, Eingeschlossene und Ausgeschlossene, und natürlich braucht der real existierende Kapitalismus auch ein paar Moralisten, wir sind ja eine arbeitsteilige Gesellschaft. Die größten Moralisten werden zum Gewissen der Nation erhoben, damit sich der Rest um so gewissenloser verhalten kann. Und trotzdem gibt es keine Alternative zur moralischen Position, oder anders gesagt, zu einer Vorstellung von dem, was Gut und Böse ist. Wäre ein Schriftsteller so ein postmodernes Arschloch, für den alles von gleicher Gültigkeit ist, so wäre ihm doch alles gleichgültig, oder? Woher sollte er dann die Leidenschaft nehmen, ein Gedicht, eine Erzählung, ein Theaterstück zu schreiben?

Wissen Sie schon etwas über Ihr nächstes Stück?

Ich weiß vor allem, daß ich sofort wieder weiterschreiben muß. Zwei Tage, nachdem ich das Wort »Ende« unter mein Theaterstück »Alpenglühen« geschrieben habe, hat diese Traurigkeit wieder angefangen. Ich muß Szenen erfinden, dann geht es mir wieder besser. Erst wenn ich die Wirklichkeit in meiner Phantasie nachstelle, verstehe ich sie und halte sie besser aus. Ich möchte ein Stück über das neue Mittelalter schreiben. Alle sagen sich von irgendwas los und bewaffnen sich. Mit dem Ende des Sozialismus breitet sich das Faustrecht wieder aus.

Sie sind doch Sozialist. Glauben Sie nicht, daß der Sozialismus wiederkommen wird?

Ich habe in meinem politischen Leben so viele Prognosen abgegeben, und alle waren sie falsch. Ich denke, es ist besser, wenn ich jetzt einmal das Maul halte. Vorderhand kommt der Sozialismus nicht wieder, er löst sich auf. Seit die Kommunistische Partei in der Sowjetunion verboten ist, überlegen die Elfriede Jelinek, der Michael Scharang und ich, ob wir eine Exilorganisation der KPdSU gründen sollen, eine Art Auffangbecken. Ich könnte beispielsweise neben dem Zimmer meiner Tochter den ehemaligen Parteichef von Kiew unterbringen, wenn er will. Dem Herrn Wolf haben wir ja auch Unterschlupf angeboten.

Ist das nicht enttäuschend, wenn so eine Lebensphilosophie zusammenfällt?

Es ist auch befriedigend. Vierzig Jahre sind wir ideologisch und finanziell von Moskau ausgehalten worden, und plötzlich sind wir ganz und gar auf uns gestellt. Vierzig Jahre lang haben wir von Ausbeutung der Arbeiterklasse geredet, von Wohnungsnot, von der Unterdrückung der Dritten Welt, von einem Kapitalismus, der zum Faschismus tendiert, und plötzlich gibt es das alles nicht mehr. Das ist schon ein Schock, wenn auch ein heilsamer.

In Ihren Stücken haben Sie ja keine politischen Prognosen abgegeben ...

Sie haben Recht. Da war ich immer grausam und grauslich.

Nun gibt es aber immer noch die Ansicht, daß Literatur vor allem schöngeistig und erbaulich sein soll. In einer Diskussion über »Tod und Teufel« hat einmal eine Frau gesagt, sie könne ihre Kinder nicht fernsehen lassen, weil sie da lauter schreckliche Dinge sehen, und nun kann sie die Kinder auch nicht mehr ins Theater schicken, weil es dort nicht anders zugeht. Setzen Sie sich mit solchen Einwänden auseinander?

Ich setze mich damit nicht nur auseinander, in gewissem Sinne teile ich diesen Einwand sogar. Auch ich habe ein Bedürfnis nach Schönheit, nach Harmonie, nach Zugehörigkeit. Aber wie kommt man dazu? In diese Paradiese gelange ich nie, wenn ich mich an das Schöne halte oder mir Schönes ausdenke. Das Schöne, die Harmonie, ist immer ein Betrug. Man muß sich das Schreckliche ausdenken, um es zu überwinden. Die Bilder von der Heimat waren immer schön, wie in meinen Schulbüchern, aber dahinter tobte die Katastrophe. Meine Vorstellungen von der Liebe waren auch nur schön. Und wie angsterfüllt war die Wirklichkeit, alles ist eine einzige Beschönigung, man muß immer vom Schlimmsten ausgehen, um hinter die Bilder zu gelangen. Eine Liebe kann nur bestehen, zumindest für einige Zeit, wenn man sich das Ärgste an den Kopf wirft. Ich rede natürlich vom Theater, wo dies alles möglich ist.

(1991)

Hinter den Bildern (Tod und Teufel I)

Ihre Stücke, Ihre Essays, Ihre Reden sind nicht nur von der Beschreibung der Wirklichkeit geprägt, sie werden doch auch von Sehnsüchten bestimmt. Darf die Sehnsucht nicht irgendwo hinzielen, wo die Wirklichkeit nie hinkommt? Der Pfarrer Bley in Ihrem Stück »Tod und Teufel« nähert sich dem jungen Rudi auf eindeutige Weise, und der Rudi nimmt diese Annäherung an; eine alte Alkoholikerin klammert sich an den Pfarrer Bley, und er nimmt sie an, ohne daß die Umwelt verletzende Bemerkungen dazu macht. In Wirklichkeit würden die Leute die Alte auslachen. Hinter all diesen Bildern in Ihrem Stück steckt doch Sehnsucht?

Dahinter stecken glückliche Momente meines Lebens: Jene Frau, in die ich mich mit siebzehn verliebt hatte, war dreimal so alt wie ich, sie war dick und unförmig. Sie vermied es, mich öffentlich zu küssen, weil sie Angst hatte vor der Reaktion der Umwelt. Mit ihr war es in manchen Momenten wunderschön. Das hat sich ein paar Mal in meinem Leben wiederholt, daß die Bilder unwichtig wurden: die Bilder des Anstandes, des guten Geschmacks und so weiter. Für Augenblicke bin ich hinter die Bilder gelangt.

Nur so kurz?

Dann sind die Bilder wieder mächtiger geworden. Dann war es wieder die Beziehung einer älteren Frau mit einem wesentlich jüngeren Mann. Die Frau schämte sich und fühlte sich von den Blicken jedes Vorbeigehenden verspottet, und alles endete wie es enden sollte.

Ist es nicht so, daß es nur wenige Bilder gibt, die uns beglücken, und eine Flut von Bildern, die uns terrorisieren? Haben nicht das Glatte, das Schöne, das Glänzende die Heimtücke, sich zur Norm zu entwickeln?

Aufrichtig gesagt, die meiste Zeit meines Lebens decke ich mich mit dieser Norm ein. Ich blättere mich durch Hochglanzjournale und Zeitschriften, ich schaue Werbefernsehen und gehe in die Geschäfte. Ich habe ständig eine große innere Unruhe in mir, und die Norm terrorisiert mich nicht, im Gegenteil, sie beruhigt mich. Aber ich vertraue ihr nicht. Mein tiefinnerstes Vertrauen gilt dem Schmutzigen, dem Unvorteilhaften, dem Verkommenen, dem Lächerlichen, gilt diesen versteckten Trieben und Lüsten, die kein Hochglanzfoto und kein Hochglanzmensch bieten kann.

Kennt man hier in Deutschland den Otto Mühl? Der gilt bei uns als Verderber der Jugend. In den siebziger Jahren betrieb er eine große Kommune im Burgenland, mit ungefähr hundert Kommunarden. Die hatten alle eine Glatze. Ich kam dorthin und versuchte durch besondere Freundlichkeit bei den Kommunarden anzukommen. Sie wiesen mich ab und nannten mich einen fetten Schleimer, besonders die Frauen. Abends mußte ich eine Selbstdarstellung machen, d. h. ich mußte in die Mitte eines großen Kreises gehen und immer wieder vorspielen, was für ein freundlicher Mensch ich doch sei. Die Kommunarden standen nackt am Rande des Kreises und schrien vor Lachen, und Otto Mühl schlug auf die Trommel. Plötzlich verwandelte sich meine Freundlichkeit in Mordlust, und ich ermordete eine Frau. Natürlich nur im Spiel, ich glaube, es war meine Mutter. Als ich meine Bluttat vollendet hatte, war es ganz still im Raum. Die Kommunarden, vor allem die Frauen, kamen langsam zu mir. Sie streichelten mich und flüsterten, daß sie sich freuen würden, einen Mörder in ihrer Mitte zu haben. Das war auch einer dieser wunderschönen Momente. Ich glaube, alle meine Theaterstücke sind ein Versuch, diese Momente wieder herzustellen.

(1991)

Wir sind doch ein wandelndes Entsetzen (Tod und Teufel II)

Ihr letztes Stück »Tod und Teufel«, das vor der Wiener Uraufführung einen Riesenskandal auslöste, ist jetzt in der Kiezstadt Hamburg erstaufgeführt worden. Sie beschreiben darin zum Beispiel einen Pfarrer, der von einem abgetakelten Bordell-Besitzer einen geblasen bekommt. Vor den Türen des Hamburger Schauspielhauses stehen 14jährige Strichjungen, die diese Leistung anbieten, um an Drogen zu kommen. Findet der eigentliche Skandal nicht vor der Tür statt?

Ich kann mit dem Wort Skandal überhaupt nichts anfangen. Ich versuche, den Wahnsinn, in dem wir heute leben, mit meinen poetischen Mitteln auf die Bühne zu bringen. Ich mache Gegenwartstheater. Ich beschreibe den Schrecken meiner Zeit. Das, was auch literarisch vergangen ist, was eingeordnet werden kann, stört die Menschen sehr schnell nicht mehr – während das, was gerade jetzt in ihrer Wirklichkeit passiert, irritierend und ungeheuer störend ist, wenn es gleichzeitig auf der Bühne stattfindet. Mit dieser Irritation gehen die Menschen unterschiedlich um. Entweder sie lassen sie zu, oder sie sind nur schockiert, schreien nach dem Sittenrichter und reden von Skandal. Es ist schon so, daß meine Stücke seit 25 Jahren von Skandalgeschrei begleitet werden – ich reagiere nie darauf. Ich leide nur manchmal darunter – weil da auch ein umgekehrter Mechanismus läuft: Journalisten skandalisieren die Stücke, und wenn einmal kein Skandal stattfindet, dann wird mir vorgeworfen, daß er nicht stattgefunden hat. Mit mir hat das alles nichts zu tun. Ich erzähle Geschichten von heute und jetzt. Alle, auch ich, haben es schwer, mit dem, was gerade passiert, zurechtzukommen. Ich kann sehr viel erzählen über eine Liebe, die vor 10 Jahren stattgefunden hat – da weiß ich, was ich falsch gemacht habe und was die Frau falsch gemacht hat. Die meisten Menschen versuchen sich im Schon-Gedachten und im Schon-Gefühlten aufzuhalten. Aber das ist langweilig, das betrifft einen nicht wirklich, das ist gewesen. Ich bin ohnehin dafür, nur noch Gegenwartsstücke aufzuführen. Die Katastrophe, in der ich gerade stecke, ist unbeschreiblich, und ihre Darstellung macht mir Angst. Aber so ist gutes Gegenwartstheater – Angst machen, stören, verunsichern. Ich störe mich ja auch selbst, wenn ich ein neues Stück schreibe.

»Tod und Teufel« ist ein Passionsspiel, und bei allem kirchlichen Skandal-Geschrei werde ich das Gefühl nicht los, daß es eigentlich auch ein religiöses, christliches Stück ist.

So ist es. Menschen, wie ich, die nach dem Zweiten Weltkrieg in der österreichischen oder bayrischen Provinz aufgewachsen sind, die also vom Katholizismus umgeben waren, werden diese Obsession einfach nicht mehr los. Ich komme aus einem Dorf, wo vor unserem Fenster der Dom gestanden ist – da ist man schon fürs Leben geprägt und hat einen schweren Schaden. Der Gott meiner Kindheit, der mir von Religionslehrern vermittelt wurde, war ein strenger, strafender, beobachtender. Diese göttliche Instanz, die immer beobachtet und notiert, be- und verurteilt hat, ist einfach Teil meines Lebens. Ich habe immer versucht, aus dieser Geschichte auszutreten. Ich wollte ein anderer sein. Aber meine religiöse Vergiftung hat mich immer wieder eingeholt. Diese Instanz kann man schmähen, man kann blasphemisch mit ihr umgehen, man kann sie lächerlich machen, man kann bis Indien fahren und asiatische Religionen übernehmen – man wird diese Störung nicht los, lebenslänglich. Ich denke mir, die katholische Religion gebiert in der Regel das Gegenteil von dem, was sie auf die Welt bringen will. Sie predigt die Liebe und sammelt ziemlich viel Haß in den Menschen. Den dürfen sie aber aufgrund ihrer Religiosität nicht zur Schau tragen. Also leben sie ihn verborgen und indirekt aus. Meine erbittertsten Gegner waren Vertreter der katholischen Kirche, die wirklich versucht haben, mich per Strafanzeige ins Gefängnis zu bringen. Sie hatten nicht einmal die Geduld, die Aufführung des Stückes abzuwarten. Was bringt gläubige Menschen dazu, mit soviel Vernichtungslust gegen ihrer Meinung nach Andersgläubige vorzugehen? Offensichtlich liegt in dieser Art des Katholizismus, in dieser verordneten Güte, in dieser zwanghaften Milde ein Potential an verstecktem Haß, das eine erlaubte Gelegenheit sucht, hervorzubrechen. Die ganze kirchliche und weltliche Strafandrohung ist ja ein legalisierter Haßausbruch.

Der Pfarrer Bley droht zu Beginn meines Stückes an seinen katholischen Prägungen und seinem katholischen Leben verrückt zu werden; er will sich umbringen. Und dann begibt er sich zur Welt jenseits der verordneten Theologie. Natürlich ist dies ein religiöses und christliches Stück. Aber es ist eine ganz und gar andere Art von Religiosität, von der ich rede. Es ist ein Stück über den Versuch einer anderen oder einer neuen Christlichkeit. Vielleicht ist das Christentum dort, wo der Abschaum ist?

Am Ende kreuzigt sich die Hauptfigur an einem Schrank selbst und muß dann feststellen, daß sie einem Sterbenden nicht mehr helfen kann: »Jetzt hätte ich gerne eine Hand frei«, sagt Pfarrer Bley.

Die Kreuzigung Jesu ist ja ein großartiges und gleichzeitig lächerliches Bild. In dieser leid- und stilvollen Unbeweglichkeit, mit der Christus am Kreuz hängt, kann er ja niemandem mehr praktisch helfen. Und unsere ganze mitteleuropäische Kultur ist ja eher geprägt von Christussen in allen Schattierungen, von diesen Männern, die immer an einer großen, aufopfernden Aufgabe kleben und leider dann für die Kinder keine Zeit, für die Frau keine Zeit, für die Familie und für den Nächsten keine Zeit haben, weil sie immer in wichtigen Sitzungen rumhängen. Ich halte es mit der Befreiungstheologie. Die Befreiungstheologen sind Leute, die nicht nur große Ideen haben, sondern praktische Hilfe leisten. Die haben eine Hand frei.

Die zarte Art, wie Sie zu ihren Personen stehen, hat mich ein wenig an Thomas Bernhard erinnert. Die scheitern ja eigentlich alle in Ihren Stücken. Aber vorher bekommen sie die Möglichkeit, einmal wirklich zu leben, tatsächlich zu existieren. Ist das ein Schlüssel zu einem so zärtlichen Umgang mit den Figuren?

Alle meine Figuren versuchen, zur Wahrheit hinter den Bildern zu kommen. Sie halten ihr bisheriges Leben nicht mehr aus und versuchen, hinter ihrem genormten, gestanzten Dasein etwas Unverfälschtes, nicht Käufliches zu finden, was ich mal das Eigentliche nennen möchte. Und weil sie hinter die vorfabrizierten Bilder unserer Existenz gelangen wollen, die sie erdrücken und umbringen, haben sie alle eine Obsession, einen Drang, einen Wahnsinn. Das hängt natürlich mit meinem eigenen Leben zusammen. Jenes Bild, in das ich hineingeboren wurde, hätte ich gerne angenommen. Ich wäre gerne ein gesunder Kärnter Bauernbub geworden, der mit Lederhose und Gamsbart über die Wiesen schreitet. Ich wäre heute gerne Ehrenmitglied der Freiwilligen Feuerwehr meines Heimatdorfes. Nur leider hat diese Integration nicht funktioniert. Wir blieben Fremde im Dorf. Ich gehöre bis auf den heutigen Tag nirgendwo dazu. Aber ich habe versucht, aus dieser Fremdheit eine Würde zu machen. Mein Leben ist ein permanenter Versuch, hinter die Bilder zu gelangen. Manchmal und für Momente gelingt das. Die meiste Zeit bleibt man auf der Strecke, wird von den Bildern erschlagen, fertiggemacht, ausgelöscht.

Alle meine Figuren scheitern aber letztlich bei ihrem großen Versuch, hinter die Bilder zu gelangen. Ihre Nachdrücklichkeit und Unbedingtheit führt sie in den Tod, die staatliche Gewalt oder die Zerstörung. Das ist der Preis, den sie bezahlen. Aber für Momente gelingt es ihnen, und dieser Moment ist etwas außergewöhnlich Schönes. Meine Figuren sind eben sehr unappetitliche und wunderschöne Menschen in einem.

Werden sie dadurch, daß sie alle Außenseiter sind, gemeinsam wieder zu einem Ganzen?

Wenn ein Mensch seine Sehnsucht und seinen eigenen Irrsinn, wenn er einfach ein Verhältnis zu seiner inneren Wahrheit zuläßt, ist er schon automatisch ein Außenseiter. Auch als Ehrenmitglied der Freiwilligen Feuerwehr kann er zum Außenseiter werden. Sogar als Mitglied der Bundesregierung. Die Menschen spielen nur ihre Normalität. Sie spielen sie so nachhaltig, so kräftig, bis sie ganz und gar von dieser Normalität aufgefressen sind. Aber dahinter lauern aufregende Ungeheuer, Abgründe. Wir alle sind doch ein wandelndes Entsetzen, und darüber kleben halt Bilder. Wenn ich hier am Hamburger Hauptbahnhof spazierengehe und die Bettler und Alkoholiker sehe, dann ist das Entsetzen an die Oberfläche geraten. Aber tendenziell ist es natürlich genauso in mir und dir, das ist ja gar keine Frage. Wenn ich im Fernsehen in meinem Hotel die Antlitze der westdeutschen Politiker sehe, dann ist das Entsetzen ganz tief weggesperrt und vergraben. Manchen gelingt es lebenslänglich, sich mit einem Bild zu schützen. Sie haben großes Glück. Aber sie zerstören dafür ein paar andere. Meine Figuren sind vielleicht normale Menschen, die halt für eine Zeit ihres Lebens, oder für einen Moment ihr Außenseitertum zulassen. Das kann dir demnächst auch passieren. Es schützt einen ja nichts. Es ist doch immer nur eine kurze Zeit, in der es einem besser geht.

Um die Bilder dreht es sich bei Ihnen ja ganz zentral. Sie haben jetzt angekündigt, kein Fernsehen mehr machen zu wollen, um den Bildern zu entkommen, und stattdessen ganz zurück zum Theater zu gehen. Aber Theater ist doch auch eine Bilderwelt, und wie leicht zeigt sie Trug- und Scheinbilder.

Das Theater besteht nur aus Maskerade, aber gerade das ist ja das Aufrichtige an ihm. Während im Leben ständig vorgegeben wird, man sei ohne Maske, man würde die Wahrheit sagen, man sei ganz bei der Sache, ist in Wahrheit alles Maskerade. Im Theater gibt es trotz der Schminke das wirklich Ungeschminkte. Das Theater ist für mich, ähnlich wie ein schöner Moment der Liebe, die letzte Möglichkeit, über die Bilder hinauszugelangen. Ich kehre zum Theater zurück, wie man zu einer immer wieder verlassenen Geliebten reumütig zurückkehrt.

Und zweitens, und das ist der Grund, warum ich das Fernsehen verlasse: Das Theater ist der letzte Ort der Geduld. Das ist eine ganz existentielle Frage. Wer sich in dieses Haus bewegt, bleibt mehr oder weniger zwei bis drei Stunden sitzen, setzt sich einer Geschichte, einem Abend, einem Vorgang aus. Vor dem Fernseher sitzen die Menschen auch, aber sie setzen sich keiner Geschichte mehr aus. Sie haben die Fernbedienung in der Hand und knipsen um von Programm zu Programm. Ich kann mich nicht mehr hinsetzen und ein Drehbuch schreiben, weil ich überzeugt bin, daß niemand die Geschichte mehr von Anfang bis Ende sehen will. Ich weiß nicht mehr, worum es geht. Alles löst sich auf, die Realität und die Fiktion, nichts mehr ist wahr. Ich kann keine Geschichten mehr erzählen, die nur noch aus Impulsen, und nicht aus Kontinuität bestehen. Kinofilme würde ich schon gerne machen, aber dazu braucht man Geld, und das ist schwer aufzutreiben.

Das Theater ist auch ein Ort des Zufalls. Obwohl hier monatelang geprobt wird, ist doch das Chaos ständig gegenwärtig. In der Wiener Uraufführung fiel der Hauptdarstellerin in der letzten Szene der Nagel aus der Hand, mit dem sie den Pfarrer Bley an den Kasten nageln sollte. Und sie fängt an, den Nagel zu suchen. Die tragische Szene drohte ins Lächerliche, in die Komödie umzukippen. Martin Schwab, der den Pfarrer spielte, flüsterte seiner Mitspielerin ins Ohr: »Es liegt ein Reservenagel im Kasten, es liegt ...«. Daraufhin tastet sie sich, betrunken spielend, zu dem Reservenagel hin und schlägt den rein. Der Moment war unvorstellbar spannend. Alles Geplante, alles Organisierte kann in einer Sekunde ins Nichts versinken. Theater ist eben ein Ort des Augenblicks und der Überraschung. Es überschreitet in seinen besten Momenten die eigene Architektur: Plötzlich vergißt man, daß man unten sitzt und die dort oben vorspielen. Oben und Unten werden eins.

Und außerdem bin ich ein Halbitaliener mit einem großen Hang zur Übertreibung. Diesem Hang kann ich am Theater herrlich nachgeben. Ich kann mir die wildesten Übertreibungen ausdenken. Ich erfinde für mein Stück »Tod und Teufel« ein Gewehr, welches eine Wahlscheibe hat, wo man die Rasse einstellen und auf arabische Menschen ein Zielschießen veranstalten kann. Solche Übertreibungen denke ich mir aus. Und dann passiert der Golfkrieg, und die Wirklichkeit holt mich ein. Ich kann gar nicht so maßlos übertreiben, daß ich nicht irgendwann wieder eingeholt werde von der Realität. Da muß ich mir schon wieder neue Übertreibungen ausdenken.

(1991)

Kolportage

Eine journalistische Kolportage ist eine zumeist kurze, etwas dramatische Zeitungsstory, wobei die Journalisten die beschriebenen Menschen ihren Lesern zum Fraß vorwerfen.

Ich erzähle in meinem Stück (»Tod und Teufel«) die Geschichte hinter der Story. Ich liebe meine Figuren, auch wenn sie die grausamsten Dinge tun. Ich zeige sie nicht nur her, stelle sie nicht nur aus, ich wandere mit ihnen. Ich verwende in meinen Stücken ja viele Trivialformen der Gegenwart, Shows, Pornofilme usw. Theater ist eine Auseinandersetzung mit der Gegenwart, und die wandelt ihr Antlitz ständig. Meine Vorstellung vom Realismus am Theater ändert sich seit zwanzig Jahren ununterbrochen.

(1990)

Brief an »Die Bühne«

Liebe Karin Kathrein!

Sie fragen mich, ob ich etwas über den Krieg in Jugoslawien schreiben möchte, und ich antworte Ihnen ohne jede Unfreundlichkeit mit einem NEIN. Ich kann keine Artikel mehr schreiben. Ich kann keine Essays schreiben. Ich kann keine Drehbücher schreiben. In meinem Kopf wird alles zur Theaterszene. Ich habe gehört, daß in diesem Krieg auch Künstler mitschießen. Serbische auf kroatische und retour.

Stellen Sie sich vor: In zwei Jahren ruft Kärnten seine Unabhängigkeit aus! Wien erklärt Klagenfurt den Krieg! Die Front verläuft am Semmering, knapp unter dem Hotel PANHANS. Auf der Seite der Wiener kämpfen die Künstler Heller und Blau, auf der Seite der Kärntner Lipuš und Turrini. Sie, liebe Karin Kathrein, die Sie alle Künstler lieben, versuchen zu vermitteln, doch vergebens. Um das Schlimmste zu verhindern, verraten Sie den Kärntnern die Wiener Stellungen und den Wienern die Kärntner Stellungen. Eine Semmeringmatahari!

Sie ermahnen mich, ernst zu bleiben, angesichts der vielen Toten? Ich kann Sie beruhigen, die sind nur im Fernsehen. Die Wirklichkeit ist im Theater!

Ich grüße Sie sehr herzlich.

(1992)

Die Welt ist mir abhanden gekommen (Alpenglühen II)

In Ihrem Schauspiel »Alpenglühen« kann man sich an nichts mehr halten. Kaum glaubt man, eine der drei Figuren halbwegs fassen zu können, schon verwandelt sie sich in eine andere. Die Charaktere, aber auch die Situationen kippen ständig in ihr Gegenteil. Warum?

Seit meinem fünfzehnten Lebensjahr schreibe ich Theaterstücke, und immer versuche ich die Welt, in der ich gerade lebe, mit den Mitteln des Theaters einzufangen. Aber ähnlich wie meine Figuren weiß ich im Augenblick überhaupt nicht, in welcher Welt ich mich eigentlich befinde. Nicht ich bin der Welt abhanden gekommen, sie ist mir abhanden gekommen. Ich glaube einer Nachricht oder lasse mich mit einem neuen Menschen ein, und flugs enttarnt sich die Nachricht als Erfindung und der Mensch als ein gänzlich anderer. Sehen Sie, ich habe meine Weltbilder und meine Menschenbilder in den fünfziger und in den sechziger Jahren empfangen, und damals gab es FS 1 und FS 2, und das reichte mir zum Weltverständnis. Heute kann ich an einem einzigen Abend zwanzig und mehr Weltbilder empfangen und verstehe überhaupt nichts mehr. In meinem Kopf und in meinem Gemüt ist ein Weltenmüll, ich fühle mich buchstäblich vor die Welt gesetzt. Ich weiß einfach nicht mehr, was wahr ist und was nicht wahr ist. Nehmen Sie die österreichischen Zeitungen. Bis in die achtziger Jahre hatten die etwas Verläßliches, etwas Eindeutiges an sich. Sie bejubelten alles am Kapitalismus und verdammten alles am Kommunismus und logen, was das Zeug hielt. Aber heute? Heute schreiben die zwischendurch glatt die Wahrheit. Maske und Gesicht wachsen ineinander, das Wahre und das Unwahre bilden einen Brei, das Wirkliche und das Fiktive sind nicht mehr auseinanderzuhalten, die Welt hat uns losgelassen, wir befinden uns im freien Fall, sind starr vor Angst und singen bei höchster Fallgeschwindigkeit neue Nationalhymnen. Dementsprechend klingt das auch. Das einzige, was uns auf den Boden der Tatsachen, des Tatsächlichen befördert, ist die Gewalt.

Und deshalb nehmen Jugendliche Baseballschläger in die Hand und schlagen auf die Ausländer ein?

Und die Journalisten nehmen die Füllfeder in die Hand, die sind ja gebildeter. Die Bösen zünden Asylantenheime an, und die Guten entzünden Lichtermeere. Die einen holen zum Schlag gegen den Mitmenschen aus, und die anderen gründen die Aktion Mitmensch. Und der deutsche Bundespräsident spricht mahnende Worte.

Warum personalisieren Sie plötzlich das Problem?

Ich werde Ihnen sagen warum, und in meine Antwort wird etwas von dem Ingrimm einfließen, der sich seit Wochen und Monaten in mir aufgestaut hat. Als es noch ums Geldsammeln und Reichwerden ging in den sechziger Jahren, hat Herr Weizsäcker als Personalchef einer Chemiefirma in Hamburg die Vergiftungen der Belegschaft vertuscht. Heute, nachdem genug Geld angesammelt worden ist, muß die Moral herhalten. Heute rufen Journalisten an und fordern mich auf, gemeinsam mit ihnen gegen den Rechtsradikalismus aufzutreten. Das sind dieselben Leute, die dreißig Jahre lang Hatz auf alles Linke betrieben haben. Ja, ich bin dafür, daß man diese glatzköpfigen Menschenanzünder, diese feigen rechtsradikalen jungen Leute einsperrt, aber mit ihnen muß man Herrn Kohl und seine Gesinnungsgenossen einsperren, die politischen Ausbrüter der Ellbogengesellschaft, muß man die Hersteller von »Rambo«-Filmen inhaftieren, welche das Menschenanzünden ästhetisch und ideologisch vorbereitet haben. Jetzt stehen die Biedermänner auf und zeigen voller Abscheu auf die Brandstifter an den Rändern, aber sie selbst sind die Brandstifter. Die wahren Skinheads sitzen in der Mitte, im Zentrum, in den Machtzentralen, und diese jugendlichen Idioten am Rande führen aus, was ihnen die Mitte vorgemacht hat. Neben Herrn Küssel, dem Anführer der Jung-Nazis, soll man Herrn Thoma, den Anführer von RTL plus, einsperren, der seine Zuschauer auffordert, den realen Tod ihrer Verwandten auf Video zu bannen, das Video an seinen Sender zu verkaufen, damit er es einem Massenpublikum als Unterhaltung vorspielen kann, »reality TV« nennt sich das.

Sie glauben, daß die Menschen nur mit Gewalt, mit realer Gewalt hinter die Bilder, hinter die Fiktionen gelangen?

Wie soll man etwas lieben, das man nicht kennt? Es ist uns ja nicht nur die Welt, es sind uns ja auch unsere Liebesverhältnisse abhanden gekommen. Wir begegnen uns nicht mehr als Mann und Frau, wir haben nur noch Vorstellungen davon, wie der andere sein sollte, um uns zu entsprechen. Aber wir entsprechen einander nicht mehr, was immer wir uns voneinander ausdenken. An diesem Punkt setzt übrigens die Pornoindustrie ein.

Übertreiben Sie da nicht?

Ich übertreibe niemals, alle meine Stücke sind eine einzige Untertreibung. Aber lassen Sie mich den Gedanken fortsetzen. Wenn die Menschen einander nicht mehr entsprechen, dann gibt es ja einen Ausweg. Die Waren entsprechen immer, sofern die Auswahl groß genug ist. Die deutsche Pornoindustrie, welche mit ihren Umsätzen die Stahlindustrie bereits überrundet hat, bietet beispielsweise vierzig verschiedene Analstöpsel zur Auswahl an.

Lassen Sie uns zur Kunst zurückkehren.

Damit wird die Sache auch nicht feiner. Niemand ist vom freien Fall ausgenommen, schon gar nicht die Journalisten. Sie geben vor, die Welt zu vermitteln, aber sie sind die weltlosesten von allen. In ihrer Verzweiflung betrinken sie sich jeden Abend und häufen riesige Archive an, aber in denen findet sich auch nichts anderes als der klebrige Brei aus Fiktivem und Wirklichem, und sie sinken immer tiefer. Die Kulturjournalisten haben es etwas einfacher, die hassen einfach die Dichter, über die sie schreiben müssen, allerdings immer mit einer Ausnahme. So wie jeder österreichische Antisemit einen Juden hat, welcher die positive Ausnahme ist, so hat jeder österreichische

Kulturjournalist einen Dichter, für den er sich auf die Schienen wirft. Die Feinsten haben sogar eine Dichterin. Aber die Grundhaltung ist die Verachtung des Geschriebenen, und wenn das nicht ausreicht, die Verleumdung des Schreibers.

Woran arbeiten Sie gerade?

An einem Stück mit dem Titel »Die Schlacht um Wien«, das hat aber nichts mit Historie zu tun. In meinem Stück versammeln sich zehn Menschen zu einem Erlebniswochenende im Wienerwald. Menschen aus Politik, Wirtschaft und Kultur, wie man so sagt. Sie schleppen Tennisschläger, Kofferradio, Griller, Handgranaten usw. mit sich. Aus nichtigsten Gründen fallen sie übereinander her und bringen einander um. Ich beschreibe ein neues Mittelalter. Ich hole die jugoslawischen Verhältnisse in den Wienerwald.

Kann man das so einfach? Im ehemaligen Jugoslawien gibt es ja auch historische und ethnische Motive, aus denen heraus die Menschen Krieg führen?

Meinen Sie? Ich glaube davon kein Wort. Die Entdeckung einer nationalen Identität, die Ausrufung immer kleinerer Nationalstaaten, die immer lächerlicher werdenden Unabhängigkeitserklärungen von Regionen, Städten und demnächst auch Dörfern hat mit Geschichte gar nichts zu tun. Dies wird doch nur vorgeschoben, weil die Menschen es nicht wagen, den Zustand zu benennen, von dem sie wirklich regiert werden: Weltverlust und Mordlust. Der neue Nationalismus ist ein zumeist blutiger und manchmal lächerlicher Versuch, dem freien Fall Einhalt zu gebieten. Nach der Trennung der tschechischen Republik von der slowakischen wußten Tausende Tschechen und Slowaken nicht, welcher Gruppe sie eigentlich angehören. Sie mußten beim Amt nachfragen. In unserem Retzer Haus wohnen bosnische Flüchtlinge, die wurden nicht von irgendwelchen fremden Tschetniks vertrieben, sondern von ihren eigenen Arbeitskollegen und Nachbarn, die sich Tschetnik-Uniformen angezogen hatten. Das waren Menschen, mit denen sie zwanzig oder mehr Jahre zusammengelebt hatten, und die Frage, wer ein Serbe und wer ein Bosnier war, hatte überhaupt keine Rolle mehr gespielt.

Kehren wir zu Ihrer Theaterarbeit zurück: Haben Sie das Gefühl, daß Ihre Stücke richtig inszeniert werden?

Nein, das habe ich nicht, und ich will es auch gar nicht haben. Ein Stückeschreiber ist ein Lieferant, der liefert einen Text ab, und jetzt kommen der Regisseur und die Schauspieler und vergewaltigen alles mit ihren Vorstellungen. Kein Theaterautor hat je auf der Bühne gesehen, was er sich ausgedacht hat, und das ist auch richtig so. Bei einer Theaterprobe kämpfen mehrere Phantasien gegeneinander, und im günstigsten Fall zerstören sie sich gegenseitig, und es entsteht etwas Neues, Gemeinsames. Ein Regisseur, der mir erzählt, er möchte mein Stück in meinem Sinne realisieren, ist ein Lügner. Er will sich nur eine günstige Ausgangsposition für den Kampf schaffen, indem er mich in Sicherheit wiegt. Manchmal beneide ich meine Prosakollegen, die geben ihr Manuskript ab und bekommen es gebunden wieder, niemand spuckt ihnen in die Suppe. Aber im Grunde genommen bin ich glücklich am Theater, weil man am Theater ohne den anderen nicht auskommt. Man muß hinter die Vorstellungen und Bilder des anderen gelangen, auch wenn einem diese nicht gefallen. Man kann nicht einfach davonrennen wie in der Liebe. Wenn man es trotzdem tut, kommt etwas Schreckliches heraus, ein ganz normaler Theaterabend.

Sie bedauern ständig die Auflösung der Wirklichkeit in der Fiktion, aber das Theater geht doch völlig in der Fiktion auf?

Das ist ja das Wunderbare am Theater, es gibt den ganzen Schwindel zu, will gar nichts anderes sein als Fiktion und öffnet damit das Tor zur Wirklichkeit. Gerade weil Sie wissen, daß Ihnen da oben etwas vorgespielt wird, glauben Sie, es sei wirklich. Ein Theaterdichter wie ich lügt doch von Anfang bis zum Ende, und das macht den hohen Wahrheitsgehalt meiner Stücke aus.

Und was erzählen Sie Ihrem Kind?

Viele Lügen. Ich muß doch meinem Kind die Welt schöner beschreiben, als sie ist, damit es sich lohnt, in ihr zu leben. Wenn ich die untergehende Sonne über dem Meer beschreibe, soll ich da von einem Meer reden, auf dem sich ein Ölteppich ausgebreitet hat, und von Fischen, die alle daran gestorben sind? Ich stelle alles viel günstiger dar, und in besonderen Momenten flüchte ich mit meinem Kind in die von mir so günstig beschriebene Welt.

Ihre Theaterbesucher dürfen da nicht mitflüchten?

Warum sollten sie? Das Theater ist doch ein Ort der Wirklichkeit. Dort kann man mit Erfindungen zeigen, was wirklich ist. Die Gewalt, den Abgrund, die Sekunden der Liebe und wieder die Gewalt. Je extremer es am Theater zugeht, desto tröstlicher ist das. Wer das nicht aushält, wer gerne getäuscht werden möchte, soll woanders hingehen, zum Heurigen.

Haben Sie eigentlich beim Stückeschreiben manchmal das Gefühl zu scheitern?

Im Leben scheitere ich ständig, aber beim Schreiben niemals. Ich gebe einfach nicht auf. Ich muß mein Stück zu Ende schreiben und fange am nächsten Tag sofort mit einem neuen an. Meine Mutter hat mir erzählt, daß ich als kleines Kind sehr krank war, daß ich schon in der Totenkammer war. Ich war total abgemagert und eigentlich gar nicht mehr auf der Welt. Wegen Kriegseinwirkungen konnte mich meine Mutter erst sechs Wochen später aus dem Spital abholen, und da lachte ich und war dick und fett, und so blieb es bis auf den heutigen Tag. Seit meinem Tode renne ich als theatralische Erscheinung, als Erfindung durch die Gegend, wie meine Figuren. Das ist doch ein schönes Schlußbild, oder?

(1993)

Ich ziehe mich mit meinen Überzeugungen aufs Theater zurück

Meine Generation wurde in den sechziger Jahren politisiert – die einen mehr, die anderen weniger. Wir sind Kinder von Konzepten – politischen Konzepten, sozialen Konzepten, psychologischen Konzepten –, und diese Konzepte haben sich aufgelöst, spätestens mit der Auflösung des Kommunismus. Sie sind aber auch zum ersten Mal im Golfkrieg verbrannt worden und werden jetzt in Jugoslawien täglich vernichtet. Wir haben mit unseren Konzepten Schiffbruch erlitten, weil sie ein Mindestmaß an zivilisatorischer Vernunft voraussetzen – aber diese Vernunft gibt es nicht. Im Augenblick gibt es nur Bilder. Bilder von Zerstörungen. Die Abbildung der Wirklichkeit oder ihr Gegenteil kommen über die Medien auf uns zu. Dagegen sind derzeit alle politischen Sehnsüchte, Konzepte machtlos. Wir erblicken unendlich viel und sehen gar nichts.

Der Blinde in »Alpenglühen« sagt, was Sie auch sagen: Er will nichts mehr wissen von einem medial vermittelten und vielleicht dadurch auch noch verstärkten Weltchaos. Gleichzeitig aber, während Sie von diesem Rückzug sprechen, lese ich äußerst pointierte politische Äußerungen von Ihnen, zum Beispiel, daß der eigentliche Konsens in Österreich der Judenhaß sei, eine Abart davon der Fremdenhaß. Während Sie also einerseits sagen, die Welt sei Ihnen abhanden gekommen und alle politischen Konzepte seien Ihnen verlorengegangen, äußern Sie sich andererseits sehr wohl politisch, so wie Sie es immer getan haben.

Ich höre doch nicht auf, ein politischer Mensch zu sein. Ich bin doch voll mit Meinungen und Gedanken. Aber wie nehmen sich diese Meinungen und Gedanken in Medien aus, in denen das Fiktive und das Wirkliche nicht mehr voneinander zu trennen sind, in denen Wahrheit und Unwahrheit längst ineinander verschmelzen, in denen es nicht mehr darum geht, irgendwem die Maske vom Gesicht zu reißen, weil dies gar nicht mehr möglich ist, weil Maske und Gesicht längst ineinander verwachsen sind, in denen keine Überzeugung, kein Schicksal, keine Geschichte mehr vom Anfang bis zum Ende dargelegt werden kann, weil alles zu lange dauert, weil alles in Impulse zerstückelt wird, weil aus der Frage längst eine Umfrage geworden ist und sich die Antwort auf ein »Ja« oder »Nein« reduziert hat. Ich äußere mich politisch immer weniger, nicht weil das Politische in mir weniger geworden ist, sondern weil es in eine mediale Öffentlichkeit gelangt, die mit dem Politischen in Wahrheit immer weniger anfangen kann. Ich ziehe mich mit meinen Überzeugungen auf einen Ort zurück, an dem alles noch dauert – zumindest eineinhalb Stunden –, aufs Theater.

Es ist also im wesentlichen für Sie ein Problem dieser Art von Journalismus.

Sie und ich gehören einer Generation an, die sich etwas ganz Edles vorgenommen hat. Wir beide wollten mit der ganzen Möglichkeit unseres Geistes und unserer Kraft Kritisches in die Öffentlichkeit tragen – in das Fernsehen, in die Zeitungen, in die öffentliche Auseinandersetzung –, und dafür war uns jede Möglichkeit recht, jeder »Club 2« ein Anlaß, jedes Interview eine Gelegenheit. Aber die Situation hat sich verändert, und wir haben schreckliche Mühe, uns dies einzugestehen. Heute wird uns das Kritische ja förmlich abverlangt. Jedes durchschnittliche Provinzarschloch übt sich im Kritischen. Jeder, der nur halbwegs einen Bleistift halten oder einen Satz zwischen den Zähnen hervorbringen kann, sagt Kritisches. Und das soll er auch, und das muß er auch, denn es ist völlig unwirksam. Wir alle landen mit unseren Meinungen zwischen Fischstäbchen, bosnischen Leichen und Tschibo-Kaffee. Wir, die wir den Mund so kritisch aufmachen, sind in Wahrheit gefressen worden. Wir sind keineswegs feiger geworden, es ist nur völlig gleichgültig, ob wir mutig oder mutlos sind, frech oder angepaßt, denn es bedeutet letztlich nichts, was wir sagen. Es läuft gleich einer Kulisse, gleich einem sinnlosen Zeichen ab.

Gleichzeitig ist es aber doch so, daß die politische Auseinandersetzung, die etwa in der Ausländerfrage in Österreich geführt wird, wirklich ist und ein sehr hohes Maß an Grundsätzlichkeit und Erbitterung erreicht hat. Oder halten Sie das alles für Scheingefechte?

Was sich in der Wirklichkeit abspielt, ist kein Schein. Da gebe ich Ihnen schon recht. Da gibt es die brutalsten Auseinandersetzungen. Da funktionieren die Unterschiede zwischen Arm und Reich, zwischen Oben und Unten, zwischen Bevorteilten und Ausgenommenen härter denn je. Aber diese Widersprüche, die Kämpfe in der Wirklichkeit spielen sich in der medialen Sphäre ganz anders ab. Hier geht es beispielsweise für Zeitungen nicht mehr darum, jemanden zu Wort kommen zu lassen, dessen Ansicht man verbreiten will, sondern es geht um einen exklusiven Interviewpartner, um einen, der nur in dieser Zeitung spricht und in keiner anderen. Was er dann spricht und schreibt, ist ziemlich nebensächlich. Die Zeitungen führen keine Bewußtseinskämpfe, sie führen Geschäftskämpfe. Dafür vereinnahmen sie jeden Menschen und jede Idee. Was links ist, wird rechts, was rechts ist, wird links, und am besten ist, beides spielt sich gleichzeitig ab. Das erhöht die Leserzahl. Ein Schriftsteller wird in einer solchen Medienwelt zum Pausentrottel, zum Idioten. Und wenn er keine Lust hat mitzuspielen, dann erfindet man eben ein Interview mit ihm. Was in den Zeitungen steht, hat mit Wirklichkeit, die angeblich beschrieben wird, kaum mehr etwas zu tun. Alles ist gelogen, und alles ist wahr. Alles ist links, und alles ist rechts. Und es wird immer unmöglicher, das eine vom anderen zu unterscheiden.

(1993)

Es ist möglich, daß mir in den ersten Jahren als Schriftsteller dieser Mechanismus, dieses Spiel von Aktion und Reaktion, gefallen hat. Vielleicht war es auch die einzige Möglichkeit, eine literarische Öffentlichkeit herzustellen. Wenn sich der Rauch nach den Uraufführungen verzogen hatte, wenn diese österreichischen Skandale und Skandälchen an der Staatsgrenze versickerten, dann wurde langsam der Blick auf die Qualität oder Nichtqualität eines Stückes frei. Dann wurden die Stücke übersetzt oder nicht übersetzt, in anderen Ländern gespielt oder nicht gespielt. Da wurde nicht mehr nach irgendeinem österreichischen Rumor gefragt. Es ist eine große österreichische Tradition, die Literatur zum Verschwinden zu bringen, indem man riesige Dinge um sie herum entfacht. Ich weiß aus diesem österreichischen Dilemma für mich nur einen Ausweg: als Person gänzlich zu verschwinden, überhaupt nicht mehr vorzukommen, nichts mehr über mich und meine Stücke zu sagen, alles meinen Figuren zu geben, selbst das Maul zu halten, auch gegenüber meinen Freunden.

Ich möchte, daß die Menschen meine Bücher lesen, meine Stücke sehen und damit etwas anfangen können oder nicht anfangen können. Wenn diese Begegnung mit den Werken nur möglich wird, indem die Person möglichst verschwindet, dann soll sie es tun. Vom politisch agierenden Schriftsteller in der Öffentlichkeit muß ich mich ebenfalls verabschieden, weil ich überzeugt bin, daß man heute und jetzt vom Schriftsteller zum Unterschriftsteller degradiert wird. Selbst die vernünftigsten Pamphlete erscheinen mir im Augenblick nur dazu da, das Werk klein zu machen und die politische Meinung groß.

(1993)

Die Ibsensche Methode

Mit sechzehn Jahren hatte ich drei Idole: die Dominikus Irene, die ich unbedingt wollte, einen versoffenen Bibliothekar aus Klagenfurt, der bei uns im Dorf wohnte und den niemand wollte, und Henrik Ibsen, welchen die Irene nicht kannte. Ich erzählte ihr die Inhaltsangabe von Peer Gynt, langsam und ausführlich und ausschweifend, und versuchte dabei meine Hand auf ihren Busen zu legen. So erlernte ich die Ibsensche Methode: Man muß Unwirklichkeiten erfinden, um dem Wirklichen nahe zu kommen.

(1994)

Der gute Film hat mich ruiniert

Mein Kino begann im Jahre 1957, in Maria Saal im Gasthof Skrainig. Im Tanzsaal dieses Gasthofes fanden jeden zweiten Samstag Kinovorführungen statt. Der Kinovorführer und sein Vorführapparat waren im Saal, die Leinwand sah aus wie ein zu lange benutztes Leintuch, in den Filmen *regnete* es ständig, denn in mein Dorf gelangten nur die allerschlechtesten Kopien. Die Sitze, auf denen man saß, waren einfache Holzbänke, die man bei Kirchtagen verwendete, und die Filme, die man spielte, waren Kolossalfilme, »Ben Hur«, »Das Gewand«, »Die Gladiatoren« und so weiter. Mein Kino, das Kino eines damals 13jährigen, waren aber nicht die Filme, nicht die unerschrokkene Art mit der Viktor Mature die vermeintlichen Mörder seiner Geliebten in der Arena von Rom erschlug, mein Kino war die Pause zwischen dem ersten und dem zweiten Teil des Filmes, welche drei bis fünf Minuten dauerte. In diesen drei bis fünf Minuten wechselte der Kinovorführer die Rollen, legte er die zweite Rolle in den Vorführapparat. Er tat dies mit einer Taschenlampe, und im Saal, im zumeist vollbesetzten, wurde kein Licht gemacht. Vielleicht aus Sparsamkeitsgründen, ich weiß es nicht mehr. In diesen drei bis fünf Minuten Dunkelheit brach eine akustische Anarchie aus: Man hörte ein plötzliches Aufkreischen, einen Schlag auf die Hand, das Rollen von leeren Bierflaschen unter den Bänken, ein unterdrücktes Kichern, ein schweinisches Wort, eine zornige Bemerkung und ein mehrstimmiges Gelächter als Antwort darauf. In diesen dunklen Minuten überschlug sich meine Phantasie, stellte sich alles vor, wozu ein 13jähriger noch keine Möglichkeit aber schon genug Vorstellungen hatte, schlug mein Herz zum Zerbersten und ging plötzlich der Film wieder weiter. Die Menschen sahen wieder aufmerksam zur Leinwand oder taten zumindest so. Am Ende des Films, das Saallicht ging an, verabschiedeten sich die Menschen mit den *üblichen* Floskeln voneinander und gingen mit *normalen* Gesichtern aus dem Raum. Nichts deutete auf die Geschehnisse in den dunklen Minuten hin.

Mit 14 Jahren war ich Hauptschüler in der Landeshauptstadt und saß, so oft dies möglich war, in der dreizehnten Reihe des Kammerlichtspiele-Kinos, gemeinsam mit meinen Schulfreunden. Wir kauften keine Kinokarten sondern gaben der Kartenabreißerin ein paar Schillinge, die sie in ihre eigene Tasche steckte. Wir sahen Filme wie »Fluß ohne Wiederkehr« mit Robert Mitchum oder »Rächer der Enterbten« mit Robert Wagner. Der Inhalt dieser Filme hat uns nicht wirklich interessiert, wir machten ständig blöde Bemerkungen über die Anatomie der Hauptdarstellerin. Die käme für uns überhaupt nicht in Frage, sagten wir halblaut und zur Verärgerung anderer Kinobesucher, die sei viel zu klein, die hätte ja Hängetutteln, und außerdem sei ihr Hintern größer als der Postkasten vor dem Hauptpostamt. Eine ganze dreizehnte Reihe voller Angeber, deren Angebereien nur eines kaschieren sollte: die himmelschreiende Sehnsucht nach einem weiblichen Busen und einem weiblichen Hintern, welcher Größe auch immer. Das angehende Saallicht beendete blitzartig unsere Ausführungen. Mit eingezogenem Kopf verließen wir möglichst schleunig das Kino.

Mit sechzehneinhalb Jahren war es dann so weit: Ich saß im Peterhofkino, einem Vorstadtkino von Klagenfurt, und sah gemeinsam mit einer Schülerin aus der Parallelklasse der Handelsakademie, in die ich inzwischen ging, den Film »Die Rache der Pharaonen«. Es hätte genausogut »Frankensteins Rache« oder wessen Rache auch immer sein können, denn wieder ging es nicht um den Film, sondern um die Berührung meines Knies mit dem Knie der Parallelklasslerin. Eine Berührung, die einen Flächenbrand auslöste, der an meinem Knie begann, sich über den Körper, über das Kino, über die Leinwand, über die Stadt bis ans Ende des Universums ausbreitete. Und wieder, wie schon im Tanzsaal des Gasthofs Skrainig in Maria Saal, war das angehende Saallicht das Ende aller Ausflüge ins Grenzenlose, ins Unvorstellbare. Wir standen auf und sprachen über den Film, den ich in Wahrheit gar nicht wahrgenommen hatte.

1962, ich war inzwischen achtzehn Jahre alt, startete das Volkskino in Klagenfurt die Aktion »Der gute Film«. Der Initiator hieß Horst Sihler, und ich denke, die Stadt Klagenfurt sollte ihm ein Denkmal setzen, denn er war es, der der allgemeinen Volksverblödung durch schlechte Filme den guten Film entgegensetzen wollte. Aber mein Kino, meine Anarchie, meine Weltenbrände, meine Phantasieungeheuer hat der gute Film ruiniert. Fortan achtete ich wirklich auf das, was ich auf der Leinwand zu sehen bekam, »Faust«, »Außer Atem«, »Letztes Jahr in Marienbad«, »Jules und Jim«, und so ist es bis auf den heutigen Tag geblieben: Ich schaue mir die guten Filme an, aber ich erlebe mein Kino nicht mehr.

Manchmal kommt es wieder. Zum letzten Mal bei Brandauers großartigem Film »Mario und der Zauberer«. An jener Stelle, an der die Kellner mit einer Flasche Wein am Tablett und mit Spaghettis ein Wettrennen veranstalten, begann ich abzuschweifen. 1968 war ich Hoteldirektor in Bibione. Wir hatten einen Kellner namens Mario, der sich in ein Mädchen aus Biberach an der Riß, welches mit seinen Eltern in unserem Hotel Urlaub machte, verliebte. Sie wehrte ihn mit der Bemerkung, sie sei sich zu schade für eine flüchtige Urlaubsbekanntschaft, ab. Seine Liebe zu ihr sei ernst und grenzenlos, sagte er, sie reiche *fino alla fine dell'universo,* und er werde ihr dies beweisen. Er werde zu Fuß von Bibione nach Biberach an der Riß gehen und vor ihrer Wohnungstüre erscheinen. Am Ende der Saison ging er tatsächlich los und wurde vierzig Kilometer hinter Bibione bei der Autobahnauffahrt Latisana von einem Auto angefahren und lebensgefährlich verletzt. Die Polizei hat mich im Hotel angerufen, weil sie in seinem Koffer eine Hotelserviette mit der aufgedruckten Telefonnummer fand. Einige Minuten später bin ich wieder zum Film zurückgekehrt. Ich entschuldige mich bei Brandauer für diese Abschweifung.

(1995)

Die Schlacht um Wien

Mittwoch, 16. November 1994:
Um 10 Uhr sollen Peymann und ich uns in seiner Wohnung zum ersten Arbeitsgespräch treffen. Peymanns Chauffeur holt mich ab. Er ist in Wahrheit ein Philosoph, hat am besten Wiener Gymnasium, am Akademischen Gymnasium, maturiert und schreibt gerade an seiner Doktorarbeit. Und das bestätigt meine These, daß in Österreich grundsätzlich jeder Mensch ein anderer ist. Die Fleischhauerinnen sind Lyrikerinnen, die Taxifahrer Schauspieler, und die Chauffeure werden demnächst Doktor der Philosophie. Er hat keineswegs die Absicht,

nach Beendigung seines Studiums den Posten eines Chauffeurs aufzugeben. Der sei ruhig und ohne Streß und ermögliche ihm zwei, drei Lesestunden am Tag. Ich betrete Peymanns Wohnung und verabschiede mich vom Chauffeur. Peymann fragt mich, woher ich den Chauffeur kennen würde, und ich erzähle ihm die Lebensgeschichte des Chauffeurs. Er wußte nicht, daß er mit einem Philosophen durch die Gegend fährt, obwohl der Philosoph schon seit einem Jahr sein Chauffeur ist. Peymanns Wohnung beeindruckt mich. Sie ist vollkommen leer, wenn man von einem Blumenstrauß, einem kleinen Gartentisch und einer Sitzgarnitur absieht. Man hat einen wunderschönen Ausblick über Wien. Wir beginnen mit dem Lesen meines Stückes und geraten schon auf der ersten Seite produktiv aneinander. In meinem Stück tritt auf einer vollkommen leeren Bühne der liebe Gott auf und beginnt mit der Erschaffung der Welt. Wir haben eine gänzlich unterschiedliche Vorstellung vom lieben Gott. Peymann möchte diese Rolle mit Minetti besetzen, weil er einen würdigen, erhabenen Gott vor sich sieht. Ich hätte gerne Harald Juhnke, weil mein Gott einer ist, der aus einer psychiatrischen Klinik entsprungen ist und einen weißen Wattebart umgehängt hat. Wir vertagen das Problem, ob Minetti oder Juhnke der liebe Gott ist, und unterhalten uns ungefähr eine Stunde über die technische Möglichkeit, das erschaffene Paradies wieder von der Bühne zu bringen, und können natürlich auch dieses Problem nicht lösen. Wir beginnen das Stück mit verteilten Rollen zu lesen, und plötzlich läutet das Telefon, und Peymann bekommt die Mitteilung, daß die Presse einen großen Artikel gegen ihn plant. Ein Denunziant, ein Schurke aus der Technik, habe die Presse mit internen Informationen versorgt. Techniker hätten Möbel in die Wohnung eines Regisseurs transportiert, sozusagen auf Staatskosten. Er sagt, die Techniker hätten dies freiwillig getan, in ihrer Freizeit, der Regisseur hätte ihnen das bezahlt, aber der Presse sei jede Gaunerei recht, um ihn zu vernichten. Er informiert den Generalsekretär der Bundestheaterverwaltung, läßt ihn vom Eßtisch wegholen. Der Theaterdirektor der Bundestheaterverwaltung gerät in Rage und telefoniert mit dem Chefredakteur der Presse. Der Chefredakteur der Presse informiert den österreichischen Vizekanzler und Oppositionsführer, Erhard Busek. Peymann läßt sein Büro mit Kanzler Vranitzky Kontakt aufnehmen. Vranitzky und Busek streiten über die Sache und lassen die Koalitionsverhandlungen platzen. Haider übernimmt Österreich, ruft die Diktatur aus und führt das Land in den Abgrund. Österreich geht unter.

Donnerstag, 17. November 1994:
10 Uhr vormittag. Ich bin wieder in der Wohnung von Peymann. Österreich geht wieder auf. Peymann zeigt mir Briefe von Österreichern, Haßbriefe, die er täglich bekommt. Er hat sich ein Haus in Hietzing angeschaut, weil er überlegt hat, ob er in ein Haus ziehen soll. Ein Nachbar, der ihn wohl bei der Hausbesichtigung beobachtet hat, schreibt ihm einen Brief. Er ist laut Absender Adliger und Akademiker. Peymann liest mir den Brief vor. Der adlige Akademiker haßt Peymann, weil er ihm sein österreichisches Nationaltheater geraubt hat. Sollte Peymann tatsächlich in das benachbarte Haus einziehen, würde er, der adlige Akademiker, ihn mit Haß und Zwetschkenknödeln, welche er zu Wurfgeschossen umfunktionieren würde, verfolgen. Peymann fragt mich, ob ich ihm die Mentalität solcher Leute erklären könnte. Seit der Uraufführung von Elfriede Jelineks Stück »Raststätte« ist Peymann in besonderem Maße Aggressionen ausgesetzt, so als hätte er die Nation geschändet und nicht ein Theaterstück uraufgeführt. Aus all diesen Briefen und Zeitungsartikeln blitzt die mühsam verdrängte österreichische Vernichtungslust. Ich verstehe diese Leute. Sie haben ja nur noch die Kultur. Der Erste Weltkrieg hat ihnen die Monarchie genommen, der Hitler hat ihnen die Gold- und Devisenbestände der Nationalbank genommen, nach dem Kriege haben die Amerikaner Österreich zum

Hawaii Mitteleuropas erklärt, und die Deutschen sind wieder ins Land gekommen und haben die schönsten Plätze an den österreichischen Seen gekauft. Und jetzt nimmt ein Deutscher ihnen auch noch das letzte, was ihnen geblieben ist, das Burgtheater, weg. Peymann liest mir diese Briefe vor wie ein Liebender, der nicht versteht, daß man ihn nicht liebt. Nachdem wir den halben Tag über die Österreicher gesprochen haben und diese Unterhaltung endlos zu werden droht, schlägt er mir die Weiterarbeit an meinem Stück vor. Wir lesen das Stück mit verteilten Rollen und haben immer mehr Spaß dabei. Da sitzen zwei Herren über fünfzig, und der eine spielt ein zwanzigjähriges Mädchen und der andere eine Geschäftsfrau in Freizeitkleidung.

Und beide girren und lachen und schluchzen und jammern vor sich hin. Manchmal liest Peymann meine Texte so inbrünstig, so hinreißend, daß ich mir wünsche, seine österreichischen Feinde könnten ihn dabei sehen und hören. Vielleicht würde sie das versöhnen. Zwischendurch trinkt er Kaffee und ich Tee. Offensichtlich gehört es zum Minimalismus dieser Wohnung, daß man nichts zu essen bekommt. Aber es muß ja auch nicht jeder so verfressen sein wie ich. Wir debattieren über die Rolle des Theaterdirektors in meinem Stück und geraten dabei natürlich in die Nähe seines Charakters. Das ist ja das Schöne am Theater. Man landet immer wieder bei den wirklichen Menschen. In der Prosa kann man sich etwas vorstellen. Bei Gedichten kann man innig fühlen. Aber das Theater findet erst statt, wenn Menschen auf die Bühne kommen, wenn jemand erscheint. Das Theater ist eine ganz und gar äußerliche Kunst. Gott sei Dank.

(1994)

Die Geister des Burgtheaters

Meine Damen und Herren!

Was immer ich Ihnen erzähle, glauben Sie mir kein Wort, es ist alles erfunden, es ist alles Theater.

Vorhang auf: 27. April 1926. Der Geist des Burgtheaters erscheint. Er ist 150 Jahre alt. Er spricht, mit sonorer Stimme, von sich. Er sei das Unerklärliche, das in der Zeit Stehende und doch der Zeit Entrückte. In ihm finde das österreichische Wesen seinen tiefsten Ausdruck.

Sieben Jahre später.

Werner Krauß ist der Gott von Wien und Benito Mussolini Gott von Italien. Im Frühjahr 1933 treffen die beiden Götter einander im Palazzo Venezia in Rom. Krauß hält Mussolini für einen entsprungenen Löwen.

Krauß (zu Mussolini): Sie sind der einzige Löwe, der in unserer zivilisierten Zeit kraft seiner selbst frei herumlaufen darf.

Mussolini (sichtlich geschmeichelt): Grazie, Signore, grazie. (Er nimmt seinen ganzen Mut zusammen). Kennen Sie mein neuestes Stück?

Am 13. April 1933 erklärt Mussolini vor der internationalen Presse, daß Italien, falls nötig, die Selbständigkeit Österreichs mit Waffengewalt verteidigen würde, und am 22. April 1933 findet im Burgtheater die Premiere des Stückes »Hundert Tage« von Benito Mussolini mit Werner Krauß in der Hauptrolle statt.

Zehn Monate später ist in Österreich Bürgerkrieg. Ein Teil der Bürger, die Arbeiter, werden besiegt, erschossen, erhängt, ihre politischen Organisationen verboten, und ein anderer Teil der Bürger, die Bürger, errichten eine faschistische Diktatur.

Der Austrofaschismus war die schönste Zeit für das österreichische Bürgertum. Kirche, Kapital und Kultur waren auf seiner Seite. Schriftsteller, welche in diese Dreifaltigkeit nicht paßten oder nicht passen wollten, kamen auf eine schwarze

Liste und wurden aus den öffentlichen Büchereien entfernt: Bertolt Brecht, Anton Kuh, Kurt Tucholsky, Karl Kraus, Bertha von Suttner, auch Arthur Schnitzler.

Am 15. März 1938 teilt Hitler am Wiener Heldenplatz der Vorsehung und dem österreichischen Volke mit, daß es nunmehr ein deutsches Volk sei. Das Ensemble des Burgtheaters steht geschlossen am Heldenplatz.

28. April 1938. Dem Geist des Burgtheaters wird gekündigt.

An die Herren Blum, Rosenthal, Straßni, Wengraf, Wolf, Zobor und Frau Karoly sowie Frau Hofschauspielerin Else Wohlgemuth. Auftragsgemäß kündige ich Ihnen Ihren Vertrag per 30. des Monats und teile Ihnen gleichzeitig mit, daß Ihre Bezüge zum selben Termin eingestellt werden. Heil Hitler! Die Direktion des Burgtheaters.

Sechs Monate später findet im Burgtheater eine Festveranstaltung statt. Es wird ein Prolog verlesen, ein hohes Lied auf Adolf Hitler und das »Dritte Reich«. Die Wiener Zeitungen berichten, daß man das berühmte Burgtheaterdeutsch schon lange nicht mehr so klar, so inbrünstig vernommen habe.

30. April 1945. Der Geist des Burgtheaters tritt wieder auf. Er steht mitten in den Trümmern des Hauses. Er spricht vom Haustheater österreichischer Eigenart, von seiner temporalen Stabilität und von seiner mythischen Qualität.

Zwei Botschaften sandte das Nachkriegsösterreich in die Welt: Wir Österreicher sind ein freundliches und liebessüchtiges Volk von Todeln. So lautet die Grundaussage von 42 österreichischen Spielfilmen, die von 1945 bis 1948 produziert werden. Die zweite: Wir Österreicher sind eine Kulturnation. In der Zeit bis 1955 gibt es am Ronacher 39 Inszenierungen von Klassikern. Über die Teilnahme Österreichs an den faschistischen Verbrechen gibt es kein Stück, keine Matinee, keine Diskussion.

Am 15. Mai bekommt Österreich den Staatsvertrag und wird zur ersten von Hitler okkupierten Nation erklärt. Am

14. Oktober 1955 wird das wiedererbaute Burgtheater feierlich eröffnet: Die Festgäste erheben sich von ihren Sitzen. Tosender Beifall erklingt. Nicht wenige haben Tränen in den Augen.

Und die Kritiker Torberg und Weigel verhindern die Aufführung von Brecht-Stücken am Burgtheater.

4. April 1976. Das Burgtheater ist 200 Jahre alt. Die Sozialdemokratie, inzwischen zur Staatsmacht avanciert, entsendet ihren eigenen Burgtheatergeist.

Der Burgtheatergeist (in der Maske des Unterrichtsministers): Was bleibt, ist dieses stolze Theater. Das Burgtheater ist die Helena unter den Theatern. Wir lieben es und umkämpfen es wie ein Absolutum. Dieses Theater, das sind wir alle.

30. April 1995: Der Burgtheatergeist tritt auf. Er trägt die Totenmaske von Thomas Bernhard. Der Geist wirkt gelassen, ja geradezu fröhlich. Er erzählt, wie gut es ihm seit seinem Tode ginge. Die österreichischen Kritiker, welche zeit seines Lebens seine ärgsten Feinde gewesen seien, würden ihn seit seinem Ableben geradezu in den Himmel loben. Ja ganz Österreich, welches er ob seiner Grauslichkeit immer hätte beschimpfen müssen, sei inzwischen voll des Lobes und der Zuneigung zu ihm. Eine solche Verehrung hätte er niemals zu erhoffen gewagt, weshalb er allen lebenden Künstlern nur empfehlen könne, ihm möglichst schnell zu folgen.

Man schreibt das Jahr 2065 und feiert das 300jährige Bestehen des Burgtheaters. Alle politischen Konflikte im Lande werden im Burgtheater als Theaterkonflikte ausgetragen. Der Bundeskanzler ist Burgtheaterdirektor, der Vizekanzler Co-Direktor. Die Regisseure und Dramaturgen sind Minister. Die Schauspieler teilen sich in mindestens zwei oder mehrere Lager und bilden wechselnde Koalitionen. Die Billeteure sind die Polizei, die Feuerwehr bleibt die Feuerwehr. Die Kantine ist die Kirche, der Kantinenwirt vergreift sich an den Köchinnen, darf aber Geistlicher bleiben. Der Bundestheatergeneralsekretär wird Kardinalsstaatssekretär. Die echten Theaterleute können in den Pausenfoyers als Büsten oder auf Ölgemälden betrachtet werden. Die Theatralisierung Österreichs ist vollendet.

(1995)

Die letzte Liebesgeschichte findet im Theater statt

Können Sie mal bitte irgend etwas sagen, nur ausprobieren, ob das Tonband in Ordnung ist.

Ach, könnt' ich doch auf Bergeshöhen in deinem lieben Lichte gehen, um Bergeshöhle mit Geistern schweben, auf Wiesen in deinem Dämmer weben.

Es läuft. »Faust«?

Mit fünfzehn Jahren habe ich Klassikermonologe auswendig gelernt. In diesem Alter macht man ja seine ersten Erfahrungen auf dem Liebesmarkt. Die waren für mich nicht besonders günstig. Ich habe mir gedacht, wenn ich schon nicht körperlich beeindrucken kann, dann wenigstens geistig.

Und hat das funktioniert?

Nein. Was soll ein Bauernmädchen mit einem Burschen anfangen, der plötzlich den Monolog von Franz Moor aufsagt?

Später haben Sie dann Stücke geschrieben. Einmal abgesehen von den Bauernmädchen, warum schreiben Sie?

Ich empfinde mein Leben überwiegend als Katastrophe und das Theater als einen Nachstellungsort, wo ich mir erklären kann, was da die letzten Monate in einer Beziehung oder in sonstigen Dingen eigentlich passiert ist. Wäre das nicht so, dann würde ich irgendwann einmal von den Verhältnissen, in denen ich lebe, verschlungen werden. Ich habe eine große Fähigkeit zur Selbstzerstörung und eine ebenso große Fähigkeit zum Überleben mit der Kunst. Das war schon immer so, mit den Drogen, mit dem Saufen, mit meinen Aufenthalten in der Psychiatrie, da gibt es immer einen Teil, der alles erfahren will und daran fast zugrunde geht, und einen Teil, der sich dann aus dem Staube macht und das aufschreibt.

Sich an den Schreibtisch setzt…

Es ist bei mir nicht nur der Schreibtisch. Ich verschwinde dann so nachdrücklich, komme der Welt in einem solchen Ausmaß abhanden, daß überhaupt nichts mehr von mir zu sehen und zu hören ist. Und diese ruckartigen Bewegungen, diese ganze Hingabe und das ganze Wegrennen, machen natürlich die Menschen meiner Umgebung verrückt, das ist schwer auszuhalten.

Entwickeln sich die Geschichten und Figuren erst beim Schreiben, oder steht das meiste vorher fest?

Es steht sehr genau fest. Ich bin ein Theaterdichter, der viel vorfinden muß, bevor er es wagt, zu erfinden. Es ist eher ein Übermaß an Welt, das ich aufnehme. Ich fühle mich manchmal regelrecht überfressen an allen möglichen Erfahrungen, Einlassungen. Dabei geht es nicht so sehr um Informationen über einen Sachverhalt, sondern es geht um die Nähe zu Menschen und Situationen. Wenn ich ein Stück wie »Grillparzer im Pornoladen« schreibe, dann muß ich sehr viel über Pornogeschäfte wissen und über die Menschen, die dort leben, arbeiten, möglichst mit jemand verbunden sein. Ich bin kein Voyeur der Wirklichkeit. Ich stehe nicht mit einem Notizblock in der Hand hinter einem Baum. Ich bin ein Einlasser, ein Mitmacher, ein Mitleber. Ich habe eine Sucht nach Erfahrungen. Ich bin wahrscheinlich Stückeschreiber geworden, damit ich mich im letzten Moment davor rette, ganz in dem zu versinken, worauf ich mich jeweils einlasse. Als ich Stahlarbeiter bei der VOEST war, mußte ich mich irgendwann hinsetzen und schreiben. Damals kein Stück namens »Minderleister«, sondern schlechte Gedichte. Nicht aus Arroganz gegenüber den Arbeitskollegen, sondern um nicht Teil dieser Maschine zu werden.

Stahlarbeiter bei der VOEST waren Sie Mitte der sechziger

Jahre, 1971 wurde »Rozznjogd« uraufgeführt, 1993 »Alpenglühen« – zwei Stücke, die weit voneinander entfernt sind. »Rozznjogd« war ein kruder, wütender, die Welt auf den Müll kippender Ausbruch, »Alpenglühen« dagegen ist ein durchkomponierter Text in wohlgeformter Sprache, auch mit langen, geschliffenen Monologen. Eine der beiden Hauptfiguren, der Blinde, lebt in seiner Hochgebirgsklause und pflegt seinen Glauben an die schöne Welt. Von dem Jungen, der ihn versorgt, läßt er sich immer versichern, daß alle Menschen glücklich und zufrieden seien. Was ist zwischen »Rozznjogd« und »Alpenglühen« passiert?

Es ist viel Zeit vergangen. Da muß ich zurückdenken. Das Entscheidendste des Schreibens war für mich, als ich anfing, nicht so sehr die Außenseiterposition. Die gab es zwar auch, durch meinen Vater, der ein Italiener war, aber ich denke im nachhinein, Außenseiter in einem Dorf der Nachkriegszeit war jedes halbwegs empfindsame Kind. Und dann passieren Glücksfälle, daß sich aus diesem Außenseitertum etwas entwickelt. Oder man säuft sich das besondere Empfinden weg und wird Mitglied der Freiwilligen Feuerwehr in seinem Heimatdorf. Mein Glück war Gerhard Lampersberg, ein Komponist, und ich bin diesem wunderbaren Menschen, er ist ja aus allen Normen herausgetreten, bis heute dankbar. Er hat sich bei meinem Vater einen himmelblauen Sarg machen lassen, und wir Buben zogen das Ministrantengewand an und trugen ihn durch das Dorf. In der Kirche hat er sich an die Orgel gesetzt und eigene Kompositionen gespielt. Der Pfarrer hat ihn verflucht und aus der Kirche gewiesen. Sein Haus, der Tonhof, war voll mit lauter damals unbekannten Künstlern, Thomas Bernhard, H.C. Artmann und andere. Er hat mich mit vierzehn Jahren in dieses Haus geholt und meine ersten Gedichte und ersten Stücke korrigiert. Er war der erste Erwachsene, der mich ernst genommen hat.

Thomas Bernhard hat Lampersberg in seinem Roman »Holzfällen« sehr abfällig porträtiert. Das Buch wurde nach einer Verleumdungsklage von Lampersberg in Österreich vorübergehend verboten.

Das Ergebnis ist literarisch erfreulich, aber menschlich freut es mich nicht. Gerhard Lampersberg war eine Sonne, um die sich alles andere drehte. Ich glaube, Bernhard liebte ihn und hat sich diese Liebe nie verziehen. Das Haus der Lampersbergs war übrigens nicht nur für Bernhard und Artmann, es war auch für Jonke, für Winkler, für Bauer und viele andere ein Zuhause. Es wird erst jetzt langsam erfaßt, daß Maria Saal, dieses kleine Kärntner Dorf, in den fünfziger Jahren eigentlich der Hort fast aller österreichischen Literatur war, die wir heute kennen.

Es gibt ja noch einen Grund, aus dem ich schreibe, und der hat wieder mit diesem Dorf zu tun. Nach dem Kriege hat sich unser Nachbar mit einem Schlachtschußapparat erschossen. Ich erinnere mich, daß weder meine Mutter noch die Nachbarn noch irgendwer gesagt hat, warum sich Herr Dominikus erschossen hat. Egal, was man gefragt hat, man bekam nie eine Antwort. Als ich später fragte, wieso der ehemalige Nazi-Ortsgruppenleiter wieder Gendarmeriechef wurde, kam auch keine Antwort. Ich bin eigentlich in einer antwortlosen und damals in diesem Dorf natürlich auch bilderlosen Welt aufgewachsen. Eine der Möglichkeiten, aus diesem Schweigen herauszukommen, war das Erfinden, sich auszudenken, was da geschehen sein könnte.

Schmutzige Phantasien?

Ich habe mir tatsächlich ein Drama im Hause Dominikus ausgedacht, das so etwa im Schreckensgrad von »Sauschlachten« war. Ich habe mir auch eine Filmszene über die Vergangenheit des Gendarmeriepostens ausgedacht. Dieser Mechanismus war dann lebensbestimmend. Also: Wenn die nicht antworten, dann erfinde ich die Antworten. Je mehr ich phantasiert habe, je mehr Lügen ich aufgestellt habe, desto stärker bin ich der Wirklichkeit nähergekommen.

Damals formierte sich der Wiener Aktionismus.

Die hatten alle dieselben Erfahrungen im Gemüt wie ich. Das Schweigen über die Mörderei. Und hinter dem Schweigen kamen Blut, Dreck, Schmutz, Urin, Sperma, Leichenteile zum Vorschein. In dieser bilderlosen Zeit mußten wir uns das Grauen im Übermaß erfinden, um der damaligen Lipizzanerseligkeit zu entkommen. Österreich wurde als das erste von Hitler okkupierte Land hingestellt, und während die deutsche Gesellschaft in den sechziger Jahren begann, sich bis zur Selbstzerstörung schuldig zu fühlen, während meine Alterskollegen in Deutschland von der Schuld ihrer Eltern redeten und von ihren Schamgefühlen, ein Deutscher zu sein, passierte hier in diesem Land das absolute Gegenteil: Wir waren erstens unschuldig und zweitens exzellente Kellner. Für meine Generation, die den Massenmord der Nazis buchstäblich roch, war das unerträglich. Ich bin als junger Mensch in den fünfziger Jahren in Landgasthäusern gesessen. Die Bürgermeister und die Bauern haben Nazilieder gesungen. Wir haben die verlogenen Demokratiebehauptungen, bei denen ja nur der Stahlhelm gegen den Gamsbart ausgewechselt wurde, gehaßt und später literarisch auf sie eingeschlagen. Das war »Rozznjogd«: Nichts glauben, alles demontieren, um auf den Kern der Wahrheit zu kommen.

Und heute?

Heute ist das dreißig Jahre her, und alles hat sich ins Gegenteil verkehrt. Die Leichen sind allgegenwärtig. Heute muß nichts mehr zerrissen und aufgedeckt werden. Alles quillt ganz selbstverständlich und ungefragt auf uns ein. Man könnte sich ja förmlich nach der Verlogenheit und Schamhaftigkeit der fünfziger und sechziger Jahre sehnen. Was damals weggepackt, verdrängt, versteckt wurde, Trümmer und Opfer des Faschismus, was dann Ende der Sechziger und in den Siebzigern mühsam an die Öffentlichkeit gebracht wurde, braucht diese Anstrengung nicht mehr. Das Zerstörte, Getötete wird, in zwanzig Kanälen vorgeführt, zur Öffentlichkeit schlechthin. Das heißt aber für einen Schriftsteller, der die Bilder des Schreckens beschworen hat und vor ihnen inzwischen um Gnade fleht, daß ich mich fragen muß, was das Theater jetzt sein soll. Bin ich ein weiterer Leichenlieferant, vielleicht moralisch etwas gehobener als die Nachrichtenindustrie? Die frühere Bildererstürmung weicht heute geradezu einer Sehnsucht, von diesen Bildern wegzukommen.

Machen Sie damit nicht genau, was die Wiener und die deutsche Filmindustrie nach dem Krieg gemacht haben? Zaubern Sie nicht gegen das Grauen, den Mord, das verdeckte Verbrechen eine heile Welt?

Ganz bestimmt nicht, denn es geht nicht darum, den Bildern des Schreckens, gegenüber denen man immer gleichgültiger wird, Schönheitsbehauptungen gegenüberzustellen. Es geht um die viel radikalere Frage, was das Theater in einer solchen Situation erzählen kann. Das Dümmste, was dem Theater einfallen könnte, wäre natürlich, dieser entsetzlich unheilen Welt, die heile Welt entgegenzustellen. Das Schönste aber, was dem Theater einfallen könnte, ist zu erkennen, daß auf der Bühne die unglaubliche Chance besteht, noch einmal die ganze Geschichte zu erzählen. In unserer Medienwelt geht es nicht mehr um Anfang und Ende, sondern nur noch um Impulse. Die Ehre und die Würde eines Theaterdichters könnte aber sein, ein paar Leute auf die Bühne zu bringen, mit denen man noch einmal eine ganze Geschichte erlebt. Zwei oder drei Stunden schauen oder hören Menschen, wie nirgendwo in der Welt oder im Leben, noch einmal zu. Das ist, wenn man Statistiken glauben kann, mehr, als die meisten Ehepaare einander zuhören. Die letzte Liebesbeziehung findet im Theater statt. Ich behaupte inzwischen, daß der wirkliche Kern des Theaters genau das ist, was die Geschichtenerzähler immer gemacht haben: Ich erlebe noch einmal die Kontinuität eines Menschen in einer Welt, in der er sonst zur Salamischeibe geworden ist.

Geschichten erzählen kann man aber auf verschiedenste, auf fragmentarische, verkürzte, zerschnittene Weisen, das sind nur verschiedene Techniken, Menschen zu zeigen.

Nein, das bestreite ich. Wir können ästhetische Fragen nicht unabhängig von dem Ort diskutieren, an dem sie stattfinden! Ich wiederhole mich: Nur das Theater ist ein Ort, in dem der Mensch noch einigermaßen erfaßbar ist. Vor Ihnen sitzt ein gescheiterter Fernsehfilmschreiber. Ich habe in dem Augenblick damit aufgehört, als mir ein Herr vom ZDF bei der letzten Folge der »Arbeitersaga« gesagt hat, daß statistisch betrachtet, kein einziger von den sechzehn Millionen Zuschauern die Geschichte wirklich von Anfang bis Ende angesehen hat. Es haben zwar einige Millionen sich den Film angesehen, aber dabei mindestens zwei- bis dreimal umgeschaltet, um zu sehen, was in einem anderen Programm läuft. Die haben wahrscheinlich genau in dem Moment umgeschaltet, als ich die entscheidende Liebesszene erzählt habe. Das können sich die Zuschauer in keiner Aufführung eines meiner Stücke leisten, daß sie zwischendurch in die Disco gehen oder ins Kaffeehaus oder in ein anderes Theater. Jeder Mensch hat ein Licht in seiner Seele, aber wenn man daraus ein Blitzlicht macht, ist alles verdunkelt. Wenn von den Geschehnissen nur noch eine Gänsehaut übrigbleibt, geschieht gar nichts mehr. Ich wiederhole mich noch einmal: Das Theater liefert die ganze Geschichte. Der Mensch kommt noch einmal vor, zusammengefügt, ein zusammengefügtes Wesen. Es geht um die Geduld gegenüber Menschen, es geht um das Zulassen von menschlichen Biographien, darum, daß ich im Blick des anderen nicht schon das Bitten um die Beendigung des Gesprächs sehe. Das Theater kann noch einmal dieses ins Trudeln, ins Schleudern geratene Menschenbild anhalten. Die Voraussetzung ist, daß Theaterleute sich auf Menschen einlassen und nicht nur auf Theaterleute.

Und das erreicht man mit breiten, geduldigen Erzählweisen?

Ich plädiere oder kämpfe wie ein Verrückter um das Unabschaffbare des Menschen. Ich beharre auf der Vorstellung, es gibt etwas in uns, das langsamer funktioniert als die Gesellschaft, in der wir leben.

Und deshalb lebt ein Blinder in Ihrem bisher letzten Stück in einem Alpenidyll?

Meine Figuren, auch dieser Blinde, sind ziemlich kaputt, ziemlich verkommen, ziemlich zerschnitten von diesen Messern, die unser Leben bedeuten. Aber alle von ihnen, von meinem ersten Stück an bis zu »Alpenglühen«, haben eine Obsession. Ob es die Obsession des Automechanikers in »Rozznjogd« ist, der nur etwas begreifen kann, wenn er es anfaßt; ob es der Blinde ist, der einfach die Sehnsucht nach der Weiblichkeit, dem anderen Menschen, nicht aufgibt, der vierzig Jahre allein lebt und noch immer den anderen ersehnt, obwohl er ihn sich nur noch erfindet, oder ob es Magda Schneider in »Tod und Teufel« ist, die vor acht Jahren aus dem Supermarkt hinausgeworfen wurde, weil in der Kassa hundert Schilling fehlten, und immer wieder nach Gerechtigkeit ruft, zum Gaudium ihrer Umgebung. Die Würde des Menschen ist seine Obsession, und die wirkt fast immer lächerlich. Und diese Lächerlichkeit, diese Obsession, dieser Kitsch, ist das Schönste, was es von Menschen zu berichten gibt. Dem bin ich ständig auf der Spur.

Diese obsessiven, verletzlichen, liebesbedürftigen, aber auch liebesfähigen Figuren tragen Ihnen manchmal auch Hohn und Spott ein. In Kritiken heißen die einschlägigen Stichworte dann »Gemütskitsch« oder »seelisches Oberammergau«. Wie lesen Sie solche Rezensionen?

Natürlich verletzten solche Urteile, und ich wundere mich, daß Menschen diese Gefühle, von denen ich rede, Ihrem öffentlichen Leben vorenthalten, obwohl ich überzeugt bin, daß sie sie im Privaten genauso haben wie ich. Ein Teil der deutschen Kulturkritik oder des Feuilletons kommt mir merkwürdig gespalten vor. Ich mag diese Menschen, wenn ich sie treffe, ich spüre ihre Verletzlichkeit, auch ihre Wärme, ihre Freundschaftlichkeit, besonders wenn ein wenig der Status verschwimmt, der einen zusammengebracht hat, und ich bemerke, wie sie erkalten, kaum betreten sie ihr Feuilleton. Aber ich denke inzwischen, das ist eigentlich nicht mein Problem. Ich erkläre mir das alles mit der unterschiedlichen Lebenssituation von Kritikern und Dichtern. Dichter müssen sich immer auf Menschen einlassen, das heißt, sie müssen in einem sehr hohen Maße offen sein, auch naiv sein, weil sie sonst nichts erfahren. Und Kritiker gleichen wohl eher den Heckenschützen. Nicht weil sie schlechtere Menschen wären, sondern weil sie Distanz herstellen müssen, damit sie nicht in diese Mitfühlerei und Abhängigkeit hineinkommen gegenüber den Theaterleuten und ihnen dann nicht mehr, was auch manchmal wirklich notwendig ist, eins auf den Kopf hauen können. Der Kritiker schützt sich, indem er sich hinter eine Hecke stellt. Und das ist auch gut so, denn da kann er alles besser beobachten. Mit der Zeit glaubt er dann allerdings, er sei der liebe Gott im Dornbusch – und ist doch nur ein Glühwürmchen.

Ein immerhin schreibendes Glühwürmchen…

Was mich die Kritik sehr leicht verwinden läßt, ist die Tatsache, daß die Aufführungen meiner Stücke fast immer ausverkauft sind. Und wenn mir mein Verlag mitteilt, daß »Alpenglühen« auf der ganzen Welt gespielt wird, dann ist es für mich relativ leicht zu ertragen, wenn ich wieder einmal als Kärntner Orang-Utan durch den deutschen Blätterwald geführt werde.

Das deutsche Heckenschützenfeuilleton war über längere Zeit sehr von Ihnen begeistert. Als politisch engagierter, sozialkritischer Autor wurden Sie in den siebziger und auch noch in den frühen achtziger Jahren mit Wohlwollen verwöhnt. Ein Dramatiker, an dem man schätzte, daß ihm Engagement mindestens so wichtig war wie die Kunst.

1971, als mein erstes Stück aufgeführt wurde, war ein Großteil der publizierenden Öffentlichkeit in Deutschland eher marxistisch. Einer der Haupteinwände gegen mein Stück »Rozznjogd«, war, das Stück sei doch sehr anarchistisch. Ich war vielen damals viel zu wenig links. Ich bin dann tatsächlich »linker« geworden, weil ich mehr Geld und Zeit hatte, mir für meine Gefühle einen theoretischen Überbau anzulesen. Dann war das Feuilleton aber schon wieder weiter, und mit ihm die deutschen Dramaturgen. Ich erinnere mich, daß dieselben Dramaturgen, die mir noch '71 erzählt haben, meine Texte seien österreichischer Anarchismus, und mir nachdrücklich die Lektüre des »Kapitals« empfohlen haben, daß dieselben Dramaturgen mir dann Ende der siebziger Jahre gesagt haben, das sei komplett out und sie seien längst woanders. Es gibt eine merkwürdige Ruckartigkeit im deutschen Denken. Als würde alles eine Zeit lang geschlossen in eine Richtung marschieren und dann wie auf Kommando, wobei ich nie weiß, wer das gibt, umschwenken, während ich als dicker und behäbiger Mensch immer so ziemlich am selben Platz stehe. Vielleicht überfordere ich viele auch emotional, weil die Menschen bei mir immer so extreme Gefühle haben. Aber soll ich das Nichtssagende, das Nichtsfühlende auf die Bühne stellen? Dazu ist mir das Theater zu wertvoll.

Hat sich denn bei den Theatern die Bereitschaft verändert, sich auf Ihren Gefühlsextremismus einzulassen?

Es gab immer Schauspieler, die meine Grenzüberschreitungen ins Extreme, ins Feuchte, ins Schmutzige nicht wollten. Ich habe das immer respektiert. Denn ein Schauspieler muß die Grenze, an die er bereit ist zu gehen, selbst bestimmen. Sonst entsteht etwas peinigend Unehrliches. Wenn jemand Angst hat mit seinem Körper und plötzlich auf der Bühne die befreiende Nacktheit behaupten soll, dann wird das Ganze peinlich und verlogen. Meine Stücke erfordern einen bestimmten Mut. Und es gab Erlebnisse mit Schauspielern, die waren für mich überwältigend. Zum Beispiel vor vielen Jahren in Ulm. Mein Stück »Rozznjogd« wurde dort mit einem Schauspieler gespielt, der durch einen Unfall oder eine Operation einen sehr kleinen Schwanz hatte. Und als er die Hose auszog, lachte ihn das Publikum aus. Und dann ging dieser Mensch in seiner ganzen Erbärmlichkeit bis an die Rampe und hat sechsmal hintereinander ins Publikum gesagt: »Na ja, Menschen sind wir alle«, und dann war es ganz still da unten. Und alles an diesem Schauspieler war wunderschön. Ich will nur sagen, meine Stücke erfordern etwas, das über die Grenzen der Sicherheit hinausgeht. Meine Fundamente als Autor sind vielleicht nicht im Feuilleton. Aber ganz sicher bei solchen Schauspielern.

Das war eine schöne Anekdote, aber Anekdoten sind wohl immer Ausnahmefälle.

Natürlich verbittert es mich oft, wie sehr Theaterleute erst darauf gebracht werden müssen, Entdeckungsreisen gegenüber Menschen zu machen, die sie darstellen sollen. Es war wirklich skurril, als wir bei den »Minderleistern« einen Betriebsausflug ins Stahlwerk gemacht haben mit dem Ensemble und die in ihrer Naivität geglaubt haben, sie seien in einem anderen Land, auf einem anderen Stern. Damit will ich nicht sagen, Theaterleute sollten ununterbrochen Stahlwerke besichtigen, ich will auch nicht für lächerliches Wiederauflegen von politischen Stücken plädieren, sondern ich plädiere mit aller Leidenschaft für ein Gewerbe, das die Chance in sich trägt, neugierig auf Menschen zu sein. Denn ich bin überzeugt, nur ein Theater, das selbst neugierig auf Menschen ist, kann ein Publikum neugierig auf sich machen.

Im subventionierten deutschen Theater spielt sich das Leben vornehmlich zwischen Kantine, Probe und Vorstellung ab.

Und wenn das so bleibt und nichts hinzukommt, dann finde ich es sogar richtig, wenn Theater geschlossen werden. Als die großen Entlassungen in der Stahlindustrie waren, in Rheinhausen in Deutschland und bei der VOEST in Österreich, habe ich immer wieder versucht, bei Aufführungen der »Minderleister« Solidaritätsaktionen zu initiieren. Es war eigentlich nicht möglich. Die Schauspieler hat wesentlich mehr interessiert, welche Rolle sie spielen, als welche Rolle die Menschen ertragen müssen, die sie darstellen. Theaterleute wissen herzlich wenig über die Menschen, aber unglaublich viel über Theaterleute. Sie haben sich zu besonderen Wesen stilisiert. Und jetzt, wo der Staat weniger Geld hat und sich das Besondere nicht mehr leisten will, schauen die Theatermenschen etwas baff aus ihren Kulissen. Sie sollen sich nicht wundern, wenn dann zum Beispiel der Berliner Senat Entscheidungen trifft, von denen er ziemlich genau weiß, daß sie von einem Großteil der Berliner Bevölkerung akzeptiert werden.

Das ist ein fragwürdiges Argument. Kunst hat nie eine Mehrheit. Die Mehrheit geht nicht ins Theater, sie geht auch nicht ins Kino, sondern sie sieht fern.

Ich wollte das immer ändern. Ich bin der Meinung, daß die Leute, die, wie meine Figuren, vom Fernsehen verblödet sind, vom Beruf kaputtgemacht werden, die hauptsächlich Scheiße um sich haben und sonst nichts, daß sie darüber hinaus die zärtlichsten und wunderbarsten und begeisterungsfähigsten Menschen sind. In allen Betrieben, in denen ich gearbeitet habe, haben vor allem die Männer an ihrem Arbeitsplatz ununterbrochen die dümmsten und schweinischsten Witze über Frauen gemacht, und trotzdem hatten wir auch die schönsten Gespräche über Liebe. Ich wehre mich einfach, das Besondere für die Besonderen zu reservieren und das Zerstörte und Lächerliche für die Mehrheit. Ich weiß doch, daß nur ein sehr geringer Prozentsatz ins Theater geht, aber ich behaupte, daß auch im chronischsten Bildzeitungsleser ein potentiell begeisterungsfähiger Theaterbesucher steckt. Ich lese im Auditorium der Wiener Universität genauso wie auf dem Tanzboden eines Gasthauses in Zell am Moos meine Stücke vor. Manchmal funktioniert es, manchmal nicht. Aber man muß es immer wieder versuchen. Das Theater ist doch die letzte Chance, all diese Unterschiede aufzuheben. Wenn ich diese Überzeugung nicht hätte, könnte ich keine Theaterstücke schreiben. Wenn ich denken würde, daß es in dieser Welt nichts mehr zu gewinnen gäbe, wollte ich nicht mehr leben. Und selbst wenn ich von der baldigen Apokalypse überzeugt bin, will ich mir frühmorgens etwas Schönes ausdenken. Selbst auf die Gefahr hin, daß es sich dabei nur um eine absolute Illusion handelt. Das ist ja auch eine typische Eigenschaft aller meiner Figuren: daß sie sich etwas wünschen, daß sie etwas fordern, wovon der gesunde Menschenverstand, die politische Realität und die Statistik behaupten, daß zu solchen Forderungen und Wünschen kein Anlaß besteht.

Warum kritisieren Sie dann so sehr die Wiener Heimatfilme? Diese Filme hatten damals doch die nämliche Funktion, die Einbildung einer schöneren, heileren Wirklichkeit?

Sie wollen einen österreichischen Heimatdichter aus mir machen. Den gebe ich gerne zu, geschenkt! Der Unterschied zwischen diesen Filmen und meinen Stücken besteht darin, daß in den Filmen über die Menschen immer gelogen wird. Was ich dagegen erzählen will, das sind nicht Lügen über die Menschen, ich möchte mich vielmehr auf die Lügen der Menschen einlassen, auf ihren Selbstbetrug, auf ihre Vorstellungen, auf ihre Lächerlichkeiten. Das ist ein entscheidender Unterschied.

Jetzt haben wir uns mehrere Monate nicht gesehen, in denen wir immer unser Gespräch fortsetzen und Sie ein neues Stück schreiben wollten. Jetzt ist es da, »Die Schlacht um Wien«, und es liest sich wie die gesamte Widerlegung meiner Behauptung vom immer süßlicheren Heimatdichter Turrini. Es trifft sich eine Mördergruppe, Menschen, die zwischen Tod und Leben zum Teil schon nicht mehr unterscheiden können, nicht mehr unterscheiden wollen.

Die erste Idee war eine Art Paraphrase auf den Krieg in Jugoslawien: Zehn Menschen treffen sich bei einem Hotel nahe Wien und bringen nach der Dramaturgie der Zehn Kleinen Negerlein einander um. Eine reine Vernichtungsdramaturgie. Das ist unter dem Eindruck der bosnischen Flüchtlinge entstanden, die in unserem Haus in Retz gewohnt haben und ihren Erzählungen von diesem Krieg, der keiner Ideologie mehr folgt, sondern nur einem Ausbruch von Mordlust. Sie haben uns erzählt, daß die westliche Vorstellung eines Krieges aus religiösen oder ethnischen Motiven lächerlich sei. Sie hätten nicht einmal mehr gewußt, wer Serbe und wer Bosnier war. Alle seien untereinander verschwägert, befreundet, verheiratet oder sonstwas gewesen. Einer sagte, die eigenen Arbeitskollegen hätten ihm sein Auto weggenommen und eine Handgranate in sein Haus geworfen. Und die Nachbarn hätten seiner Frau die Ohrringe aus den Ohren gerissen.

Das war die erste Idee – eine sich grundlos niedermetzelnde Gesellschaft zu beschreiben.

Meine Grundvorstellung war, wenn man die Umgebung von Tuzla zur Umgebung von Wien erklärt, dann zeigt man, wie sehr wir uns alle in einem Kriegszustand befinden. Vieles von der Vordergründigkeit dieser Idee ist verschwunden, und in den mindestens zehn Fassungen, die ich während der letzten anderthalb Jahre geschrieben habe, habe ich fortwährend naturalistische Anleihen getilgt. Theater, das ich will, berichtet anders.

Anderthalb Jahre für ein Stück? Früher haben Sie doch schneller geschrieben.

Es hat mich immer wieder das Gefühl eingeholt, daß ich vieles in früheren Stücken schon beschrieben habe, das Gefühl eben, mich zu wiederholen. Es ist nicht erfreulich, durch die Wüste zu wandern und immer wieder zur nämlichen Palme zu kommen. Die Suche nach einer neuen Route ist mir immer wichtiger vorgekommen.

Hat sich der Dramatiker Turrini verändert?

Wenn ich meine alten Stücke ansehe, dann sind die Figuren sehr oft auf einen oder wenige Charaktere beschränkt. Sie waren, wenn ich es einmal gegen mich selbst formuliere, auch Werkzeuge meiner polemischen Bilder von der Welt. Diese Bilder waren notwendig, weil sie ja Ausdruck meiner Verletzung gegenüber der Welt waren. Inzwischen entwickelt sich, vielleicht weil ich mir auch die Geduld des Schreibens nehme und die Ungeduld des Erlebens abgelegt haben, entwickelt sich eine Großzügigkeit, eine Gelassenheit gegenüber meinen Figuren. Selbst die schrecklichsten Figuren meines Stückes haben was Schönes an sich.

Besonders schön ist es aber nicht, wenn ein Mann seine Frau verbrennen will und es nur durch Zufall nicht schafft.

Mich interessiert das Äußerste beim Menschen, das extrem Schreckliche und das besonders Schöne. Früher hätte ich, vereinfacht gesagt, für jede Eigenschaft einen Menschen auftreten lassen. Heute verlege ich das Unterschiedlichste in einen Menschen. Die bösen Menschen haben auch was Wunderbares in sich und umgekehrt. Die menschliche Seele ist ja ein Scherbenhaufen, eine zerbrochene Vase, und wenn das Licht auf eine Scherbe fällt, dann funkelt das sehr schön, auch wenn man sich normalerweise an Scherben schneidet. Früher hätte ich meine Figuren abgesicherter auftreten lassen, politisch und sozial abgesicherter. Ich hätte ihnen klarere Gründe für ihr Handeln gegeben.

Mehr Ideologie, mehr Moral.

Im Augenblick wäre ich ja froh, wenn ich eine anständige Ideologie hätte. Mich beeindrucken die Katholiken und die Kommunisten immer mehr. Die haben nicht diese hinfallende Gangart wie unsereiner. Die können sich an irgendetwas halten, festhalten. Neben dem Burgtheater gibt es ein Fachgeschäft für medizinische Artikel, das heißt »Bständig«. Da schaue ich immer in die Auslage und bin ganz fasziniert. Die bieten lauter Krücken, Gehbehelfe, Bettschüsseln. Das ist ein Ideologieladen. Sowas wünsche ich mir auch in meiner Orientierungslosigkeit. Jeden Tag denke ich mir: Wie kann man bloß ohne Ideologie leben? Eine scheußliche Kantine im Deutschen Theater in Berlin war früher eine scheußliche Kantine unter einem ideologischen Aspekt, nämlich daß sie schöner wird. Aber jetzt, wenn man den Kommunisten abzieht vom Deutschen Theater, bleibt nur eine scheußliche Kantine übrig. Früher bin ich in Ostberlin durch die dunklen Straßen gegangen und habe mir gedacht: Eines Tages wird hier der helle Morgen leuchten, wie das im Sozialismus so üblich ist. Jetzt stolpert man herum, denkt: Scheiß-Straßenbeleuchtung, wann gibt's da endlich ein anständiges Licht!

Und welches Licht soll dem deutschen Theater leuchten?

Jeder Mensch braucht Ideologien, nur das Theater braucht

keine. Für diese Erkenntnis habe ich lange gebraucht – ungefähr 50 Jahre.

Schwierig wird es nur, wenn die Menschen ihre ideologischen Notlügen nicht mehr von der Wirklichkeit unterscheiden können, wie in Ihrem neuen Stück diese Ausflugsjagdgesellschaft in den Wäldern um Wien.

Wieso? Alle Menschen haben einen kompletten Wahn. Es gibt überhaupt keine Vernunft, kein aufklärerisches Konzept, das uns wirklich erreicht. Wenn man die Menschen in ihrem Innersten betrachtet, ist jeder der vollkommene Gefangene eines Wahns. Das merkt man am stärksten in Liebesbeziehungen. Ein Mensch arretiert den anderen in seinem Wahn, und der andere arretiert ihn. Und wenn man Glück hat, haben die zwei Wahne zwischendurch eine schöne Zeit. Und wenn man Pech hat, was fast immer der Fall ist, muß man sich mit Gewalt aus dem Wahngefängnis des anderen befreien. Wenn man einem Menschen wirklich sagt, was man so denkt oder fühlt, ist er, selbst wenn man sehr vertraut ist miteinander, zu Tode erschrocken.

Und der Ausbruch aus diesem Wahn ist nur durch Gewalt möglich?

Ja. Da die Liebe immer nur sehr kurz dauert und man trotzdem das Leben spüren will, greift man zum Haß. Der ist auf jeden Fall beständiger. Es fasziniert mich, wenn Rechtsradikale bei Prozessen erzählen, daß sie beim Hinschlagen eine Erlösung von der eigenen Qual empfunden haben, eine Erlösung von sich selbst. In der Gewalt nimmt man Urlaub vom eigenen Wahn. Als ich geboxt habe, als Jugendlicher, habe ich das so empfunden.

Die Lust am Zuschlagen?

Beim Schlagen hört die ganze Kompliziertheit auf, die Selbstbeobachtung, die Wahngebilde, in denen man so prometheisch hängt, hören auf, ganz plötzlich auf, und die Nase ist wirklich eine Nase, dein Ohr ist wirklich ein Ohr, und dein Hirn ist wirklich ein rohes Ei. Das merkt man spätestens, wenn man von einem besseren Boxer einen Schlag auf den Kopf bekommt. Und wenn es eine Erklärung für die rechten Sympathien deutscher Dichter gibt, dann liegt sie meines Erachtens darin. Da ihnen die Kraft zum Zuschlagen fehlt, werden Sympathieerklärungen, Annäherungen an die Rechte gemacht. Die Blöden nehmen einen Baseballschläger in die Hand und die Gescheiten eine Füllfeder. Einen Haß haben sie alle. Sollte die deutsche Rechte allerdings wirklich an die Macht kommen, werden die Dichter natürlich sofort eingesperrt, ob sie nun Sympathisanten sind oder nicht. Die Linke hat aus ihrem Gewaltbedürfnis ja nur einen Essay gemacht, die Rechte aber ein Programm. Vielleicht sollten die Dichter boxen lernen.

Ist das nicht ein bißchen einfach?

Nein. Da das einzige Edle, was wir mit unserem Gewerbe anfangen könnten, das einzige, was wirklich unsere Verantwortung auch gegen uns selbst ist, die Aufrichtigkeit ist, meine ich das nicht als hämische Polemik, sondern spielerisch und therapeutisch. Kennen Sie Otto Mühl? Er hat auf seinem Bauernhof solche Spiele veranstaltet. Heute sitzt er im Gefängnis. Ich war einige Zeit auf seinem Hof. Am Anfang waren die Intellektuellen bei den Selbstdarstellungen immer so brav und zahm. Der Otto hat sie in den Schweinestall geschickt, sie mußten die niedersten Arbeiten verrichten. Irgendwann sind sie durchgedreht und haben sich so aufgeführt, als wollten sie Massenmorde begehen ...

Der spielerische Rahmen in der »Schlacht um Wien« ist sehr doppelbödig.

Ich glaube nur noch an das Spielerische, an das Fiktive. In den Nachrichtensendungen der Medien wird man aufgefordert, das Gesagte für wahr zu nehmen, obwohl man weiß, daß manche Leichen von CNN bestellt wurden. Im Theater ist es genau umgekehrt, das Theater ist ein einziger Schwindel. Wenn man diesen Schwindel zugibt, dann sind echte Empfindungen wieder möglich. Wenn alles gelogen ist, wird es wieder glaubhaft. Ich sehne mich nach einem Theater, welches nichts mit der Wirklichkeit zu tun hat – und doch den Blick auf sie freigibt.

(1995)

Eine Wahrheitsrede

Geschätzte Feiernde!

Sie alle kennen den wunderbaren Satz von Ingeborg Bachmann: »Die Wahrheit ist den Menschen zumutbar.« Wenn dieser Satz jene Gültigkeit haben soll, die wir ihm so bereitwillig einräumen, so gilt er auch für diese Zusammenkunft, für die Gefeierten dieser Stunde. Die Wahrheit über Claus Peymann und Hermann Beil ist zumutbar.

Beginnen wir mit Claus Peymann, mit der ganzen Wahrheit über ihn: Claus Peymann ist nicht Claus Peymann und heißt auch nicht Claus Peymann. Jener Mann, der in den Annalen und Journalen als Deutscher, ja geradezu als Inkarnation des Deutschen festgeschrieben ist, ist kein Deutscher. Claus Peymann ist Österreicher. Er wurde im Jahre 1937 als fünftes Kind des Keuschlerehepaares Hermine und Vinzenz Obernosterer in Maria Luggau in Osttirol geboren. Am 17.6.1937 wurde er in der Pfarrkirche des Ortes vom Pfarrer Hugo Prettenpichler auf den Namen Vinzenz Klaus getauft – nachzulesen im Taufbuche des Luggauer Pfarramtes – und fortan Klausi gerufen. Claus Peymann heißt also in Wahrheit Klausi Obernosterer und ist ein Kind der österreichischen Berge. Lassen Sie mich das Unglaubliche dieser Geschichte in Ruhe schildern. Seit drei Generationen bewohnten die Obernosterers eine Keuschlerhütte in den Luggauer Bergen. Dort sind die Winter viel zu lang und die Wiesen viel zu schräg, um eine einträgliche Landwirtschaft zu ermöglichen. Dort ißt der Bauer ein kärgliches Brot, und für die insgesamt neun Obernostererkinder blieben nur Brosamen übrig. In den 30er Jahren dieses Jahrhunderts kam in Osttirol der Tourismus auf, und manchmal verirrten sich ein paar Sommerfrischler, wie die Urlauber damals hießen, hinauf bis zur Obernosterer Keusche und brachten ein bißchen Abwechslung und durch den Verzehr einer frischen Milch oder einer Brettljause ein bißchen Zubrot ins ärmelnde Haus. 1938 führte Hitler die sogenannte »1000-Mark-Sperre« ein, jeder Deutsche, der in Österreich Urlaub machen wollte, mußte tausend Mark auf einer deutschen Bank hinterlegen. Mit dieser Methode wollte Hitler den österreichischen Fremdenverkehr ruinieren, was ihm wohl auch gelang. Kein Deutscher verirrte sich nach der Verfügung der »1000-Mark-Sperre« zu den Obernosterers. Mit einer Ausnahme: Im August 1938 wanderten die Peymanns, eine Bremer Kaufmannsfamilie, welche dem gehobenen Mittelstand angehörte und folglich keine Schwierigkeiten hatte, tausend Mark zu deponieren, wanderten also die Peymanns durch die Luggauer Berge und kamen dabei ein bißchen vom Wege ab und landeten schließlich bei der Keusche der Obernosterers, und es bot sich ihnen ein besonders trauriger Anblick. Die Familie Obernosterer, Mutter, Vater und neun Kinder, die schon lange keinen deutschen Touristen und damit auch kein Zubrot gesehen hatten, darbten vor sich hin. Die Kinder schleckten mit der Zunge den Rotz von der Oberlippe, wohl in Ermangelung einer sättigenden Nahrung. Die Peymanns, zutiefst gerührt von dieser bitteren Not, nahmen den kleinen und besonders hungrigen Klausi mit nach Bremen und an Sohnes statt an. Die Adoptionsurkunde – einsehbar am Standesamt Bremen-Huckelriede – ist auf den 21. März 1941 datiert und vom Standesamtsdirektor Knut Lüdders unterfertigt. Den Obernosterers in Maria Luggau wurde ein Sümmchen für die Überlassung des Kindes zugewiesen und dem Kinde selbst eine angemessene Erziehung garantiert. Von Stund' an trug Klausi Obernosterer den Namen seiner Adoptiveltern, hieß Claus Peymann und wurde im hanseatischen und protestantischen Geiste erzogen. Der Rest der Geschichte ist in groben Zügen bekannt. Peymann-Obernosterer gerät in die üblichen Unruhen seiner Generation, wird ein aufmüpfiger Achtundsechziger, anschließend ein geschmähter und umjubelter Theaterleiter und 1986 Direktor des Wiener Burgtheaters. Er, ein aus den Bergen wegadoptiertes Kind, kehrt zurück in das Land der Berge, nach Österreich. So wie ihm sein Österreich wiedergegeben wurde, will er den Österreichern das Österreichische wiedergeben. Er gibt sich schon in seiner ersten Pressekonferenz zu erkennen und erklärt, daß das Burgtheater fortan das österreichische Nationaltheater sein wird. Aber die Österreicher können und wollen ihn nicht begreifen und qualifizieren seine Erklärungen als die eines großmäuligen Deutschen ab. Peymann-Obernosterer steigert sein Outing, inszeniert ein Stück von Thomas Bernhard nach dem anderen, und als dieser stirbt, bringt er jedes neue österreichische dramatische Werk auf die Bühne, zeigt den Österreichern Österreich, um endlich als Österreicher erkannt zu werden. Aber sie verkennen ihn, sie nennen ihn weiterhin Peymann und schimpfen ihn einen Deutschen. Welch ein Schicksal, welch eine Tragödie!

Und nun zu Hermann Beil.

Ich kann Sie, nach der dramatischen Enthüllung der wahren Identität des Claus Peymann, im Falle Hermann Beils beruhigen. Hermann Beil ist Hermann Beil und heißt auch Hermann Beil. Von ihm heißt es, er sei der Mann hinter Peymann. Peymanns Eckermann sozusagen. Aber ist das wirklich wahr? Oder anders gefragt: Steht Hermann Beil, dieser sogenannte zweite Mann, nur hinter Claus Peymann? Oder steht er nicht auch hinter einer ganzen Reihe von sogenannten ersten Männern? Wer hat dem österreichischen Kultusminister davon abgeraten, das Finanzministerium zu übernehmen? Wer hat Jürgen Flimm die Oper erläutert? Wer hat Karl-Ernst Hermann das Notenlesen beigebracht? Und wer hat den Autor dieser Rede überredet, gemeinsam mit der Vortragenden dieser Rede auf der Bühne des Akademietheaters ein Duett zu singen? Wer hat Dürrenmatts Ruhm als gestandenen Trinker vermehrt, indem er ihm geholfen hat, seine Rotweinbestände zu reduzieren? Als vor einem Jahr Peymanns Burgtheatervertrag auslief und sich die halbe Regierung, der Trabrennverein, die Gewerkschaften, das Kabelevidenzbüro und der Bauernbund gegen eine Vertragsverlängerung aussprachen, trat plötzlich Salman Rushdie auf den Plan und votierte für Peymann. Wer, so glauben Sie, hat diesen Coup ausgeheckt, und wer hat, so frage ich Sie, nach dem Eintreten Rushdies für Peymann, den iranischen Parlamentspräsidenten Rafdsanjani dazu gebracht, seinen Zorn nicht auf Claus Peymann auszudehnen? Warum, glauben Sie, ist das Direktorium der Salzburger Festspiele noch immer zusammen? Diese zentrifugalen Herren wären doch längst zu den entgegengesetzten Polen dieser Erde gerannt, wäre da nicht ein ruhender Pol zwischen ihnen, ein besonnener Mann, der mit einem ausgewogenen Programm und mit selbstverfertigten Süßwaren die erbitterten Gemüter alljährlich beschwichtigt. Und wer hat, bitte sehr und quasi nebenher, eine Kleist-Renaissance ins Leben gerufen? Wer hat mit zwei Vorträgen die germanistische Fakultät der Universität Wien vor ihrem intellektuellen Abstieg bewahrt, zumindest bis Ende des Sommersemesters? Wer hat en suite zwölf Intendanzen abgelehnt? Wußten Sie eigentlich, daß am Tage der deutschen Maueröffnung, als die Ostmenschen in den Westen und zu den Bananen drängten, Hermann Beil in Berlin war? Natürlich nur zufällig.

Und wissen Sie, daß die Eröffnung einer weiteren Spielstätte des Burgtheaters, der Plenarsaal des österreichischen Parlaments, kurz bevorsteht? Das wissen Sie nicht, aber Sie beginnen zu ahnen, wer das und noch vieles mehr eingefädelt haben könnte!

Würde man alle Beils, die hinter kühnen Entscheidungen, großen Ereignissen und bedeutenden Männern stehen, zusammennehmen, sozusagen zusammenbeilen, welch ein alle und alles überragender Mann würde da zum Vorschein kommen. Hätten wir die Größe, der wahren Größe Hermann Beils, ins Auge zu sehen?

Ein Preis, zwei Männer, zwei Schicksale, zwei Verkennungen. Die Wahrheit über Claus Peymann und Hermann Beil ist zumutbar! Es liegt an uns, sie anzunehmen oder in alten Täuschungen zu verharren.

Ich danke Ihnen fürs Zuhören!

(1995)

Wir sind explosive Wesen

Ihr jüngstes Werk »Die Schlacht um Wien« steht vor der Uraufführung am Wiener Burgtheater. Früher protestierten aufgebrachte Politiker und Kirchenleute schon vor der Premiere. Wo bleibt diesmal der Skandal um Sie und Regisseur Claus Peymann?

Ich bin doch froh, daß es so ruhig ist. Diese Skandale bringen die Menschen nur auf und verstellen den Blick. Der Skandal ist eher eine Kriegserklärung gegen das Stück, die Qualität einer Theaterarbeit hängt nicht vom Geschrei rundherum ab, sondern ob es gelingt, die Menschen aus einem zutiefst inneren Gefühl heraus zu berühren.

»Die Schlacht um Wien« spannt den Bogen von der Welterschaffung bis zu ihrem vermeintlichen Untergang. Sieben Wohlstandsbürger treffen sich im Wald, aus der Lust am Morden. Statt wie geplant ein Asylantenheim abzufackeln, bringen sich einige, getrieben von ihren Aggressionen und Enttäuschungen, selbst um. Zurück bleibt das Gefühl, alles sei in Auflösung.

Ich erzähle die Geschichte des heraufdämmernden neuen Mittelalters. Wir befinden uns generell in einem Kriegszustand. Je nach Mentalität und Möglichkeit wird er im Moment unterschiedlich ausgetragen: in Jugoslawien massenweise, in Deutschland häuserweise, in Österreich besonders hinterfotzig mit Hilfe von Briefbomben und Sprengsätzen. Die Menschen sind an den Rand ihrer gegenseitigen Erträglichkeit geraten. Das ist kein Phänomen von Tuzla und Umgebung. Es ist europaweit so, auch in den zwischenmenschlichen Beziehungen. Wir sind explosive Wesen geworden.

Im burgenländischen Oberwart haben Rechtsradikale vier Roma ermordet, der Rechtspopulist Jörg Haider rückt in Österreich der Macht immer näher. Kommt Ihr Stück nicht zu spät?

Wissen Sie, wenn Journalisten mich jetzt immer wieder drängen, etwas Warnendes zu unserer präfaschistischen Situation zu sagen, bekomme ich einen Lachanfall! Seit vierzig Jahren beschreiben die österreichischen Literaten den Faschismus in diesem Land, den Fremdenhaß, die verkappte Mordlust. Dafür wurden ihre Arbeiten ignoriert, verspottet und als reine Übertreibung hingestellt.

Rechtsradikale politische Morde sind in den fünfzig Jahren der Zweiten Republik aber etwas Neues?

Sie irren. Diese Republik ist buchstäblich auf Mord gegründet worden. Als im April 1945 bereits die Provisorische Regierung ausgerufen war und im Parlament tagte, wurden noch etwa achtzigtausend jüdische Zwangsarbeiter durch die Lande getrieben. Bei diesen Todesmärschen sind in fast jedem Dorf, auch in Oberwart, einige von ihnen erschlagen worden, und zwar von den Dorfbewohnern. Doch diese Mörderrepublik hat das verdrängt. Die Täter haben die Wehrmachtsuniform ausgezogen und das Gastwirtsgewand angezogen. Die Mörder stellten sich vor ihre »Goldene Gans« und sagten: Wir sind Wirte, willkommen in Österreich.

Aber der Rest der Welt hat gern an die Postkarte Österreichs geglaubt.

Wir haben die Welt ganz schön angeschmiert und blendend Theater gespielt. In den ersten drei Jahren nach dem Krieg produzierte dieses kleine Land 42 Spielfilme, vermutlich ein

Weltrekord. Der Österreicher war darin der gastfreundliche Todel, das Land bot sich als Hawaii Mitteleuropas an. Nur wenn sich Kurt Waldheim verplappert oder einige Roma umgebracht werden, fällt der Welt auf, daß etwas nicht stimmt.

Am vergangenen Mittwoch, bei der Feier zur Republiksgründung auf dem Wiener Heldenplatz, enthielt Ihre Rede die provokante Frage: »Liebe Mörder, wie geht es euch?«

Ich versuche, mich an das schweigende Österreich zu wenden. Ich verstehe einfach nicht, wie man Menschen in die Luft sprengen kann. Diese Mörder leben unerkannt mit mir in einem Land, und halb Österreich sympathisiert mit ihnen.

Sie übertreiben.

Wahrscheinlich ist es sogar mehr als die Hälfte. Ich bin ein Mensch, der mit allem, was er sich an Schrecklichkeiten ausgedacht hat, von noch Schrecklicherem eingeholt wurde. Keine meiner Übertreibungen war so maßlos wie die Wirklichkeit. In dieser Hinsicht bin ich ein völlig gescheiterter Autor.

Verbindet dieses Schicksal Sie mit Thomas Bernhard?

Darauf kann ich nur sehr persönlich antworten. Als Kind versucht man, dazuzugehören, ich wollte Teil meines Kärntner Dorfes sein, dieses Landes. Das funktionierte nicht. Mein Vater war Italiener, Ausländer, er sah aus wie ein Sendbote der Mafia. Später lebte ich jahrelang in anderen Ländern, schleppte aber das verpatzte, mißlungene Österreich immer mit mir herum. Den meisten Schriftstellern meiner Generation ging es ähnlich.

Thomas Bernhard starb 1989, Peter Handke floh nach Paris. Werden Sie das Land verlassen, wenn Jörg Haider Kanzler werden sollte?

Ich fühle mich in Österreich fremd, aber auch anderswo. Da kann ich gleich hierbleiben. Außerdem habe ich hier ein Kind.

Kennen Sie Haider persönlich?

Haider existiert gar nicht. Er ist eine Zusammenfassung aller schlechten österreichischen Eigenschaften, eine Mischung aus Opportunismus und Fremdenfeindlichkeit. Haider ist eine Erfindung, da es zu aufwendig wäre, Millionen von Österreichern immer in den Zeitungen zu beschreiben. Haider heißt in Wirklichkeit Haiduschka und stammt aus Trutnov in Nordböhmen. Er hat das Auftreten eines wendigen Kellners, deshalb fallen auch die Deutschen auf ihn herein.

Wer hat ihn denn erfunden?

Die Journalisten. In diesem Lande werden Erfindungen so lange aufrechterhalten, bis die für wirklich gehalten werden. Die Medien haben den Zeitpunkt verpaßt, sich rechtzeitig von ihrem Einfall zu distanzieren. Österreich gibt es in Wahrheit ja auch nicht.

Jetzt im Ernst: Haider hat behauptet, Österreich sei eine »ideologische Mißgeburt«. Meinen Sie das etwa auch?

Ja, aber in einem anderen Sinne. Das Land ist ein europäisches Gemisch mit stark slawischem Einschlag. Diese Promenadenmischung gibt sich als Schäferhund aus, und Haider ist der oberste Schäferhund. Das ist die wahre österreichische Tragödie, die natürlich auch eine Komödie ist. Könnte der Österreicher sein Durcheinander lieben, das andere in ihm, was für ein schönes Land wäre das.

Das Gegenteil findet statt: Die Menschen klammern sich immer mehr an eine nationale Zugehörigkeit.

Es ist ein entscheidender Unterschied, ob sich ein Deutscher gegenüber einem Polen abgrenzt, oder ein österreichischer Tscheche gegenüber einem Tschechen. Ein Düsseldorfer, der einen Türken nicht mag, ist zwar ein Volldepp, aber er mag einen anderen nicht. Ein Österreicher, der einen Tschechen nicht mag, mag sich selbst nicht. Dieses Land und seine Literatur sind nur begreifbar über diese Tragikomödie.

Fast alle Ihre Stücke enden aber in der Katastrophe. In der »Rozznjogd« von 1971 wird das Liebespaar von Unbekannten erschossen, in den »Minderleistern« von 1988 springt der Hauptdarsteller in den Hochofen. »Die Schlacht um Wien« schließlich ist die Geschichte einer Mördergruppe.

Das Morden läßt mich tatsächlich nicht los. Mein Österreich ist übersät mit Toten, mit toten Juden, toten Zigeunern. Und immer heißt es, das stimmt gar nicht, die sind gar nicht tot. In den fünfziger Jahren saßen Dorfhonoratioren in den Gasthäusern und sagten: Das mit den sechs Millionen ermordeten Juden ist ein Blödsinn. Erstens waren es viel weniger, und zweitens sind sie alle wieder zurückgekommen. Ich habe mir damals gedacht, das ist wie im Theater: Die Toten stehen wieder auf. Der Nazi-Lehrer, der jetzt der Schuldirektor ist, und der Massenmord, das ist alles ein Spiel. Es gibt keine Mörder, nur Mörderdarsteller. Deshalb bin ich zum Theater gegangen, um endlich etwas von der Wirklichkeit zu erfahren.

Das Theater ist doch etwas höchst Irreales?

Für mich ist das Theater der einzige Ort der Wirklichkeit. Da kann man aus allen Lügen ausbrechen, aus den politischen und aus den Lebenslügen.

Warum sind Ihre Bühnenfiguren so durchgängig obsessiv?

Die Obsession ist die einzige Möglichkeit, dem Leben noch eine Spur von Anderssein abzugewinnen, vielleicht auch von Glücklichsein. Aus dem Gefängnis der Lügen und der Verordnungen, in das man hineingeboren wurde, kann man nur ausbrechen, wenn man sich etwas äußerst Schamloses, Verrücktes, Merkwürdiges oder sehr Moralisches vorstellt. Manchmal gelingt es, für einen kurzen Moment.

Ihre wichtigste Obsession ist die Sexualität. Kritiker halten Sie für einen »Zwangspornographen«.

Was glauben Sie, wofür ich die Kritiker halte? In jedem halbwegs anspruchsvollen Theaterstück geht es ums Ficken, um was denn sonst? Die Fremdheit, die Berührungsangst, der Sauberkeitswahn, der sich zwischen uns aufgetürmt hat, ist ja nur noch durch die Gier zu überbrücken. Die Gier ist die wahre Anarchie. Deshalb flüchten sich so viele Menschen in die Produkte der Pornoindustrie. Die schmecken nicht und riechen nicht und reden nicht zurück.

Sie pflegen noch eine weitere Obsession, nämlich die Gewalt: In »Tod und Teufel« ließen sie Leichen als Jagdtrophäen auf die Bühne karren.

Ich bin in einer bilderlosen Welt aufgewachsen, in einer Verschwörung des Schweigens. Die Leichen wurden hinter einem Vorhang versteckt. Uns war jeder Einfall recht, diesen Vorhang zu besudeln. Der Wiener Aktionismus zum Beispiel schüttete mit Regelblut und Urin herum. Wir schrien mit allen Mitteln, und die anderen schwiegen. Doch heute wird überall wie verrückt geschrien. Ich kann doch nicht zu diesem Leichenberg, der allabendlich im Fernsehen gezeigt wird, noch eine Theaterleiche hinzulegen.

Aber das tun Sie doch auch in der »Schlacht um Wien«?

Ich wiederhole keine Medienbilder, ich erzähle den Schrecken mit den Mitteln des Theaters. Das Theater würde sich selbst abschaffen, wenn es zu einem zeitverzögerten Nachbilder oder Aufarbeiter der Medien wird. Das reale Schreckensbild aus Sarajevo, als eine Granate in eine Schulklasse einschlug, war vollkommen. Das Theater kann und soll nicht noch blutigere Schulbänke zeigen.

Welche Reaktion bleibt Ihnen noch, was ist angemessen?

Du kannst nur noch gehört werden, wenn du ganz wenig und ganz selten etwas sagst. Du kannst nur etwas von der Welt erfahren, wenn du möglichst wenig Zeitung liest. Du entwickelst wieder Beziehungen, wenn du Beziehungen aufgibst. Du kannst wieder auf jemanden hören, wenn du dein Telefon abmeldest. Was wir an Kommunikationsmaschinen und Bilderfluten bis zum Wahnsinn steigern, bringt uns immer weiter voneinander weg.

Ist dies der Grund für Ihren Rückzug als Fernsehautor?

Bei so vielen Programmen gleichzeitig ist doch völlig gleichgültig, was im Fernsehen gezeigt wird. Was helfen mir Millionen Zuseher, wenn die zwischendurch alle zu »Derrick« wandern, oder sonstwohin. Das macht einen Dichter, dessen Würde im Erzählen einer ganzen Geschichte besteht, verrückt.

Das wäre ja so, als würden die Burgtheater-Besucher während meines Stückes kurz ins Theater der Josefstadt gehen oder zum Würstelstand und wieder zurück.

Im Theater entkommen Ihnen die Zuschauer nicht so leicht.

Richtig. Da sitzen sie so eng, daß niemand zu flüchten wagt. Meine abendliche Einschaltquote liegt bei ungefähr 499 Menschen, und das freut mich sehr. Die hören mir ganze zwei Stunden zu, das ist eine Liebeserklärung. Das geht weit über die Liebe unter Eheleuten hinaus.

Ihr Abschied vom Fernsehen, vom Millionenpublikum, überläßt anderen das Feld – und das in einer Zeit, in der die intellektuelle Debatte von der Neuen Rechten bestimmt wird.

Der Geschwindigkeit der deutschen Geisteswanderungen habe ich nie entsprechen können. Daß sich ein Dichter der Sprachregelung der deutschen Linken auf die Dauer nicht hingeben kann und will, verstehe ich allerdings sehr gut.

Sie meinen den Autor Botho Strauß...

... ja, aber die politische Rechte, in deren Nähe er und andere geraten, hat letzten Endes immer nur mit der Gewalt spekuliert. Die Geisteslust der deutschen Rechten war immer gering, aber die Mordlust groß. Sie hat niemals ein Programm des Denkens erstellt, sondern immer ein Programm des Handelns, des Zuschlagens. Früher oder später wird einem Dichter, der mit den Rechten sympathisiert, von Rechten, die ihm gar nicht sympathisch sind, eines auf den Kopf gehauen werden.

Auch die linken Denker sind unter Beschuß. Trifft es Sie, wenn Peter Handke sich freut, »daß die Linke endlich den Mund hält«?

Ich halte das für eine feinnervige Bemerkung. Peter Handke lebt in der Sprache und leidet an den Sprachredundanzen der Linken.

Auch Sie argumentieren nur ästhetisch. Das politische Versagen des Sozialismus ist doch längst Geschichte.

Das mag ja sein, aber die beschissenen sozialen Verhältnisse sind es nicht. Das steht ja sogar im Spiegel. Es gibt eine zunehmende Verelendung in den deutschen Städten, die Arbeitslosigkeit wächst. Daß sich darum keine Studentenbewegung kümmert, ist nur bezeichnend für den ruckartigen Ideologiewechsel unter deutschen Geistesmenschen. Es sagt nichts über die Situation der betroffenen Menschen.

Spricht da der alte Unterstützer der Kommunisten?

Ich habe schon immer ein Faible für eine schöne Ideologie gehabt. Die aufgehende Sonne am Horizont von Vietnam oder China, oder wo meine Generation sie eben gerade aufgehen sah, ist ja wirklich etwas Schöneres als ein morgendlicher Kater.

Aber der Blick in die Sonne macht blind.

Ich würde gerne weiterhin mit ideologischer Blindheit durch die Welt schreiten, aber das dürfen jetzt nur die Katholiken. Sie sehen alles unter dem Blickwinkel der göttlichen Erlösung. Damit ist die größte Katastrophe erträglich, weil der liebe Gott schon dafür sorgen wird, daß es einmal besser wird. Und sei es im Paradies.

Ist der als Gotteslästerer verschmähte Peter Turrini in Wirklichkeit zutiefst katholisch?

Zutiefst. Ich halte die Welt überhaupt nicht aus, ohne mir von ihr zwischendurch paradiesische Vorstellungen zu machen.

Im neuen Stück tritt Gottvater persönlich auf, schweigt aber.

Der liebe Gott war in meinem Leben übermächtig. Ich kenne heute noch alle Bilder, die es von ihm im Religionsbuch gab. In der »Schlacht um Wien« ist er für mich ein Entsprungener aus einem Debilenheim, der sich ein bißchen Watte aufgeklebt hat und als Gott durch die Gegend rennt.

Ihr norddeutsch-protestantischer Regisseur Peymann sieht das sicher anders.

Vielleicht sieht er ihn philosophischer, bedeutungsvoller, die Welt erschaffend und an ihr zerbrechend. Aber ich habe ja einen Gott gehabt, der immer durch die Oberlichte bei unserem alten Klo hereinschaute, und mir beim Onanieren zusah.

Fürchten Sie, daß Gott Ihnen am Ende Ihres Lebens alles vorhalten könnte?

Ich hoffe, daß ich ihn dann auslachen kann, das wäre ein sehr gelungener Moment meines Lebens.

Keine Angst vor diesem Frevel?

Ich glaube, daß man im ganzen Dichterleben nur ein paar gute Zeilen zusammenbringt, und der Stoff, aus dem die gemacht sind, ist der reine Frevel.

(1995)

Kleine Handreichung für Leser

Dieses Buch hat zwei Vorläufer: Der Band »Es ist ein gutes Land. Texte zu Anlässen«, welcher 1986 erschienen ist und unter dem Titel »Mein Österreich. Reden, Aufsätze, Polemiken« (Sammlung Luchterhand, Band 811) aktualisiert und 1988 neu herausgebracht wurde.

Der Band »Liebe Mörder« steht in dieser Tradition und setzt sie doch auf eine neue Weise fort: Er enthält die wichtigsten Reden, Aufsätze, Interviews und eine Auswahl an Briefen von Peter Turrini aus den Jahren 1986 bis 1995. Es wurde auf die gesamten veröffentlichten und unveröffentlichten Texte, welche in diesem Zeitraum entstanden sind, zurückgegriffen. Die Auswahl wurde vom Anspruch auf inhaltliche Vollständigkeit geleitet. Alle Argumente, Ansichten und ästhetische Fragen, welche für den Autor von Bedeutung waren und die dazu in der Lage sind, einen Einblick in seine Entwicklung als Schriftsteller und politischen Menschen zu geben, sind in diesem Band enthalten. Um sachliche Überschneidungen zu vermeiden, wurden einige Beiträge nur in Auszügen aufgenommen, und soweit es nicht zu sinnwidrigen Nachbarschaften kam, wurden sie chronologisch angeordnet. Detaillierte Angaben über die abgedruckten Texte können dem Anhang entnommen werden.

Das vorliegende Buch ist in zwei große Abschnitte gegliedert: Peter Turrinis Arbeit als Theaterdichter und seine politischen Stellungnahmen. Diese Teilung erleichtert den Zugang zu diesem Autor. Gerade dieses Buch zeigt die Veränderungen in seinem politischen Denken und welche Auswirkungen diese neuen Sichtweisen für seine Arbeit am Theater haben.

S. H., K. S.

Nachweise

MAN NENNT UNS EIN URGEMÜTLICHES VÖLKCHEN

Ich bin ein Gefangener meiner Biographie
Auszug aus einer Rede, leicht überarbeitet, gehalten am 5. Juni 1986 im Wiener Volkstheater, »Künstler gegen Waldheim«. In: Peter Turrini: Mein Österreich. Darmstadt: Luchterhand 1988, unter dem Titel »Die Bewohner des Stammtisches«, S. 133-136.

Die touristische Bananenrepublik
Essay, gekürzter Erstabdruck in: Der Spiegel 46, 1986, S. 216-217. In: Mein Österreich, unter dem Titel »Die Deutschen und die Österreicher – Chronik einer touristischen Begegnung, S. 137-147.

Staatsveredelung
Auszüge aus einem Essay, gelesen beim »Linken Wort«, Volksstimme-Fest, 28. August 1986. In: Das jüdische Echo, Oktober 1987. In: Mein Österreich, unter dem Titel »Staatsveredelung oder Die Kritik muß jetzt aufhören«, S. 151-157.

Nestbeschmutzung
Auszug aus einem Interview, überarbeitet. Aus: Turrini spricht. Von Andrea Braidt. In: Profund 2, 1987, S. 10-13.

Über Jörg Haider
Auszug aus einem Entwurf eines Vorwortes für ein Buch über Jörg Haider, Oktober 1987.

Die Wahrheit ist zumutbar
Rede, gehalten am 12. März 1988, am Wiener Ballhausplatz, anläßlich des Einmarsches der Hitlertruppen in Österreich (50. Jahrestag), veranstaltet vom Republikanischen Club. Erstdruck im Akademietheater-Programmheft Nr. 32, zur Uraufführung von »Die Minderleister«, Juni 1988.

Jakov Linds »Ergo«
Auszüge aus einem Brief an Silke Hassler, April 1994, gekürzt veröffentlicht in: Der Standard, 1. September 1995.

Abschied von Erich Fried
Auszug aus einer Rede, gehalten am 11. Dezember 1988, im Wiener Burgtheater, anläßlich einer »Matinee für Erich Fried«.

Man nennt uns ein urgemütliches Völkchen
Auszug aus einem Arbeitsgespräch, leicht überarbeitet, mit Walter Famler, 1989.

Angst
Auszug aus einem Arbeitsgespräch, mit Walter Famler, 1989.

Eine autonome Republik Mürzzuschlag
Interview von Hans-Henning Scharsach, leicht gekürzt. In: Kurier, 18. März 1991, S. 13.

Die beiden Deutschlands
Auszug aus einem Interview. Aus: Hinter den Bildern. Interview von Vera Sturm und Frank Busch, für das Programmheft der Berliner Aufführung von »Tod und Teufel«, 15. Februar 1991.

Kirche und Sexualität
Auszüge aus einem Interview. Aus: Hinter den Bildern. Interview von Vera Sturm und Frank Busch, für das Programmheft der Berliner Aufführung von »Tod und Teufel«, 15. Februar 1991.

Golfkrieg
Auszug aus einem Gespräch, überarbeitet. Aus: »Im Gespräch« mit Peter Huemer, Sendung: Ö 1, 25. Februar 1993. In: Peter Turrini: »Ich halte mich für einen durchschnittlich katholisch vergifteten Menschen«. In: Peter Huemer: Im Gespräch. Wien: Kremayr und Scheriau 1993, S. 228-247.

Wir sind Ertrinkende
Auszug aus einem Gespräch. Aus: »Im Gespräch« mit Peter Huemer, Sendung: Ö 1, 25. Februar 1993. In: Peter Turrini: »Ich halte mich für einen durchschnittlich katholisch vergifteten Menschen«. In: Peter Huemer: Im Gespräch. Wien: Kremayr und Scheriau 1993, S. 228-247.

Der liebe Gott und die Vagina
Auszüge aus einem Gespräch. Aus: »Im Gespräch« mit Peter Huemer, Sendung: Ö 1, 25. Februar 1993. In: Peter Turrini: »Ich halte mich für einen durchschnittlich katholisch vergifteten Menschen«. In: Peter Huemer: Im Gespräch. Wien: Kremayr und Scheriau 1993, S. 228-247.

An das Bundesministerium für Auswärtige Angelegenheiten
Brief an Dr. Rainer, 28. Januar 1992.

Wie verdächtig ist der Mensch?
Rede, gehalten am 11. September 1994, anläßlich der Eröffnung des Internationalen Brucknerfestes, Linz. In: Die Zeit, 16. 9. 1995.

Liebe Mörder!
Rede, gehalten am 26. April 1995 am Wiener Heldenplatz, anläßlich der 50-Jahr-Feier der Österreichischen Republik, »Fest der Freiheit«. Erstabdruck in: Die Zeit 5. Mai 1995.

Oh, Du mein Österreich
Stegreifrede, anläßlich der literarisch-musikalischen Soirée »Oh, Du mein Österreich«, 11. Oktober 1995, in der Alten Oper in Frankfurt (Österreich-Schwerpunkt der Frankfurter Buchmesse). In: Der Standard und die Wiener Zeitung, 14./15. 10. 1995.

DIE LETZTE LIEBESGESCHICHTE FINDET IM THEATER STATT

Gemeindehoftheater
Auszug aus dem Essay »Ein Stück nach Maß«, zu Heinz R. Ungers »Die Senkrechtstarter«. Wiener Festwochen-Katalog 1987.

Wir sind Kinder der postfaschistischen Provinz
Auszug aus einer Rede über Urheberrecht, gehalten am 22. September 1988, vor Führungskräften der Wirtschaft.

Wiener Aktionismus
Auszüge aus einem Gespräch, überarbeitet, mit Danièle Roussel, 1993. In: Der Wiener Aktionismus und die Österreicher. 50 Gespräche. Klagenfurt: Ritter 1995.

Über Adolf Frohner
Essay, für ein Buch über Adolf Frohner, Juni 1993.

Die Minderleister I
Interview, leicht gekürzt, von Uwe Jens Jensen, für das Programmheft der

Uraufführung von »Die Minderleister«, 1988. In: Akademietheater-Programmheft Nr. 32, S. 145-154.

Die Minderleister II
Auszüge aus einem Gespräch mit Peter Huemer. Erstabdruck: Katalog für die Wiener Festwochen, Mai 1988.

Kunst und Kultur
Auszug aus einer Rede über Urheberrecht, gehalten am 22. September 1988, vor Führungskräften der Wirtschaft.

Sehr geschätzter Prof. Hans Mayer!
Rede, gehalten am 22. März 1992, anläßlich der Matinee für Hans Mayer zum 85. Geburtstag, Akademietheater Wien.

Helmut Qualtinger
Kurze Vorrede, anläßlich der Matinee »Schenk und Turrini lesen Qualtinger«, am 19. März 1995 in der Wiener Staatsoper und am 12. Mai 1995 im Wiener Burgtheater. In: Programmhefte zu den Aufführungen und: Michael Kehlmann, Georg Biron: Der Qualtinger. Ein Porträt. St. Andra/Wördern: Hannibal-Verlag 1995, S. 7.

Ich wünsche mir ein Theater der fortgesetzten Geschmacklosigkeit
Rede-Entwurf, zur Eröffnung des Neuen Phönix-Theaters, Linz, 12. Dezember 1989. Auszugsweise veröffentlicht in: Peter Turrini, Texte – Daten – Bilder. Hrsg. v. Wolfgang Schuch und Klaus Siblewski. Frankfurt: Luchterhand 1991, S. 19/20.

Provokation
Auszug aus einem Interview. Aus: Geduld und Genauigkeit. Interview mit Brita Steinwendtner. In: Salz. Salzburger Literaturzeitung 55, 1989, S. 1-5.

Schrecken und Optimismus
Auszug aus einem Interview. Aus: Geduld und Genauigkeit. Interview mit Brita Steinwendtner. In: Salz. Salzburger Literaturzeitung 55, 1989, S. 1-5.

Sprachlosigkeit
Auszug aus einem Gespräch. Aus: Die Arbeit geht aus. Gespräch mit Jürgen Pullmann, über »Die Minderleister«. In: Argo 1, Zeitschrift Düsseldorfer Schauspielhaus, 1989, S. 126-129.

Die verlorenen Gesichter des Kurt Welther
Rede, gehalten am 4. April 1989, anläßlich einer Ausstellungseröffnung in der BAWAG, Wien. In: Diners Club 2, 1989, S. 182-190, und im Katalog zur Ausstellung.

Provinzliteratur
Auszug aus einem Arbeitsgespräch, mit Hermann Peseckar, für einen Schulfilm, 2. und 3. Mai 1988.

Kinder Gottes
Rede, zu Werk und Anliegen Erwin Ringels, gehalten am 27. April 1991, anläßlich des 70. Geburtstags von Erwin Ringel, im Wiener Rathaus. In: Der Standard, unter dem Titel »Gegen das Mörderische in uns und um uns«, 27./28. April 1991, S. 31.

Dahinter tobt die Katastrophe (Alpenglühen I)
Interview von Barbara Petsch, leicht gekürzt. In: Die Presse (Spectrum), unter dem Titel »Claus Peymann ist ein Tiroler Bauernsohn«, 2./3. November 1991, S. 7 und in: Die Deutsche Bühne 12, 1991, S. 9-11.

Hinter den Bildern (Tod und Teufel I)
Auszug aus einem Interview. Aus: Hinter den Bildern. Interview von Vera Sturm und Frank Busch, für das Programmheft der Berliner Aufführung von »Tod und Teufel«, 15. Februar 1991.

Wir sind doch ein wandelndes Entsetzen (Tod und Teufel II)
Gespräch mit Matthias Pees. In: Mecklenburger Aufbruch, 8. Mai 1991, S. 6.

Kolportage
Auszug aus einem Interview. Aus: Pornographie ist Verwertung von allem und jedem. Interview von Erwin Kisser. In: Der Standard, 5. September 1990, S. 14.

Brief an »Die Bühne«
Brief an Karin Kathrein, 15. Jänner 1992.

Die Welt ist mir abhanden gekommen (Alpenglühen II)
Interview von Karin Kathrein, leicht gekürzt. In: Die Bühne 2, 1993, S. 8-11.

Ich ziehe mich mit meinen Überzeugungen aufs Theater zurück
Auszüge aus einem Gespräch. Aus: »Im Gespräch« mit Peter Huemer, Sendung: Ö 1, 25. Februar 1993. In: Peter Turrini: »Ich halte mich für einen durchschnittlich katholisch vergifteten Menschen«. In: Peter Huemer: Im Gespräch. Wien: Kremayr und Scheriau 1993, S. 228-247.

Die Lust an der Auseinandersetzung
Auszüge aus einem Gespräch, leicht überarbeitet. Aus: »Im Gespräch« mit Peter Huemer, Sendung: Ö 1, 25. Februar 1993. In: Peter Turrini: »Ich halte mich für einen durchschnittlich katholisch vergifteten Menschen«. In: Peter Huemer: Im Gespräch. Wien: Kremayr und Scheriau 1993, S. 228-247.

Die Ibsensche Methode
Text für das Burgtheater-Programmheft von »Peer Gynt«. In: Burgtheater-Programmheft Nr. 123, S. 43, 1994.

Der gute Film hat mich ruiniert
Essay. In: Der Standard, 29. September 1995.

Die Schlacht um Wien
unveröffentlichter Text, entstanden während der Proben von »Die Schlacht um Wien« am Wiener Burgtheater, November 1994.

Die Geister des Burgtheaters
unveröffentlichter Text, für die Jubiläumsmatinee des Burgtheaters im Wiener Ronacher, vorgetragen von Fritz Muliar, 30. April 1995.

Die letzte Liebesgeschichte findet im Theater statt
Gespräch mit Franz Wille, leicht gekürzt. In: Theater heute 4, 1995, S. 4-13.

Eine Wahrheitsrede
Rede, anläßlich der Verleihung vom »Theaterpreis Berlin 1995« (Stiftung Preußische Seehandlung) an Claus Peymann und Hermann Beil, vorgetragen von Kirsten Dene, 25. Mai 1995 im Deutschen Theater, Berlin. In: FAZ, 31. Mai 1995, S. 37.

Wir sind explosive Wesen
Interview von Hans-Peter Martin. In: Der Spiegel 18, 1995, S. 192-198.

Peter Turrini,

geb. 1944 in St. Margarethen/Kärnten, aufgewachsen in Maria Saal, lebt in Wien und Retz. Für seine Stücke und Filme wurde er mit vielen Preisen ausgezeichnet. Turrini ist einer der wenigen lebenden deutschsprachigen Dramatiker, die weltweit gespielt werden. Bei Luchterhand sind lieferbar: *Rozznjogd/Rattenjagd* (1971/1988), *Die Minderleister* (1989), *Tod und Teufel* (1990), *Alpenglühen* (1992), *Im Namen der Liebe* (Gedichte, 1993) und *Die Schlacht um Wien* (1995).

Silke Hassler,

geb. 1969 in Klagenfurt, Studium der Vergleichenden Literaturwissenschaft und Germanistik, ist seit Januar 1995 Mitarbeiterin von Peter Turrini und schreibt für verschiedene Zeitungen und Zeitschriften. Sie lebt in Wien.

Klaus Siblewski,

geb. 1950 in Frankfurt am Main, Verlagslektor, hat u. a. die *Gesammelten Werke* von Ernst Jandl und Peter Härtling herausgegeben. Er lebt in der Nähe von München.

Fotonachweise:

Seite 1:	Peter Turrini auf dem Heldenplatz (Foto: Herbert Neubauer)
Seite 2:	Bei einer Lesung (Foto: Herbert Neubauer)
Seite 6/7, 12/13:	Bei einer Lesung im Wasserwerk des Deutschen Bundestages (Foto: Friedhelm Schulz)
Seite 8:	In Niederösterreich (Foto: Herbert Neubauer)
Seite 60/61:	Am Schreibtisch in Retz (Foto: Herbert Neubauer)
Seite 62:	Bei einem Publikumsgespräch zu »Alpenglühen« im Burgtheater Wien (Foto: Herbert Neubauer)
Seite 64/65	Theateraufführung in einem Innenhof der Wiener Gemeindebauten (Foto: Herbert Neubauer)

Inhalt

MAN NENNT UNS EIN URGEMÜTLICHES VÖLKCHEN

DIE LETZTE LIEBESGESCHICHTE FINDET IM THEATER STATT